LA NATU
CHEZ ELL

LA NATURE

CHEZ ELLE

PAR

Théophile GAUTIER

Eaux-Fortes de K. BODMER

Auguste Marc Éditeur

PARIS

IMPRIMERIE DE L'ILLUSTRATION

22, — RUE DE VERNEUIL. — 22

MDCCCLXX

LA NATURE CHEZ ELLE

CHAPITRE I

EN PEIGNOIR BLANC

Les coteaux ont dépouillé la rousse fourrure de l'automne, et les dernières
feuilles rouges, fanées, détachées depuis longtemps de la branche, courent
dans les chemins avec un froissement de papier sec, ou montent en
tourbillons comme des papillons morts pour aller retomber un peu plus

loin, roulées, tourmentées par le souffle âpre de la bise qui s'en fait un jouet. Une seule reste encore au bout d'un rameau, affolée, palpitante, ne tenant plus que par la nervure de sa tige, déjà grillée et cuite par les premières gelées blanches. Elle danse, éperdument battue par des vents contraires. Une rafale plus forte que les autres l'enlève, et la voilà qui s'envole pour rejoindre ses sœurs et pourrir au pied de l'arbre dont elle était le frais honneur et l'ornement. Les pauvrettes acceptent leur sort avec résignation, satisfaites d'avoir accompli leurs destinées. Elles savent obscurément qu'au printemps prochain d'autres feuilles viendront sur l'arbre nourri par leur détritus changé en terreau, et qu'elles rentreront dans le torrent de la circulation universelle.

Décidément, c'est l'hiver. Sur le ciel gris brumeux, la découpure de la forêt se dessine en rameaux fins et menus comme une arborisation dans une agate. A travers le lacis des rameaux apparaissent des touffes de gui aux barbes pendantes, et les nids abandonnés que le feuillage cachait. Des fumées bleuâtres flottent entre les fûts noircis des arbres, au bout des allées et dans les trouées des clairières.

Déshabillée de sa belle robe de végétation, la terre se montre sur le versant des coteaux et dans l'étendue des plaines avec ses tons bruns humides et ses gris violets. Çà et là, dans les sillons, brillent comme les miroirs d'un piége d'alouettes des flaques d'eau que le sol saturé de pluie n'a pu absorber.

Des bancs de nuages qui ressemblent à ces ébauches de lavis faites avec de l'encre délayée d'eau, rampent péniblement sur l'horizon, chargés de froides averses, se déchirant le ventre aux crêtes des montagnes et des collines. Bientôt la pluie tombe, fouettée par le vent et raye de ses hachures diagonales le morne champ du ciel. On n'entend dans la nature d'autre bruit que le pétillement des gouttes d'eau. Les voix des oiseaux se sont tues, l'amour ne leur inspirant plus de chansons. Tout est silence et solitude. Le paysan regagne sa chaumière, dont on voit la fumée à travers les arbres, et, libre du travail des champs, il se repose auprès du feu, sous le manteau de la cheminée, et se moquant des intempéries de la saison, attend le printemps avec patience.

Les cigognes ont quitté la flèche du Munster, les roues attentivement

placées au bout d'un mât, et les toits en escalier de la Hollande, cherchant
des cieux meilleurs. Il y a longtemps déjà que les files de grues, traînant
leurs plaintes, comme dit le Dante, ont traversé l'étendue à une grande
hauteur. Les hirondelles sont allées retrouver leurs anciens nids sur les
terrasses de Malte, les métopes du Parthénon et les minarets du Caire.

Tout ce qui a l'aile assez légère, le vol assez puissant, a émigré vers le
soleil; mais ceux que la fatalité de la pesanteur retient et qui ne sauraient
quitter le sol pour planer librement, ne peuvent pas fuir devant la mauvaise saison. Ils n'ont pas ce privilége du printemps perpétuel; il leur faut
subir la dure nécessité de l'hiver, n'ayant pour abri que le toit dénudé de
la forêt qui, à travers les rameaux chauves, laisse filtrer les froides gouttes
de la pluie; que les humides cavernes des terriers, les grottes creusées
sous les racines, les crevasses des vieux murs et les éboulements des
ruines, tristes logis où le vent pénètre, où cingle l'ondée oblique, où l'on
a froid, où l'on n'est pas en sûreté, car, en se dégarnissant de son
feuillage la forêt a perdu son mystère, le fouillis de maigres branches
croisant ses traits noirs ne masque plus qu'à demi les hôtes inquiets.

Et voici que les oiseaux, les petits carnassiers, le gibier de poil et de
plume, cherchent un refuge dans les arbres semblables à des squelettes. Oh!
que difficile et précaire est la vie par ces temps rigoureux! L'été, la table
est toujours mise et richement servie; maintenant, à peine reste-t-il quelques
graines rouges au sorbier, quelques prunelles à fleur bleuâtre, à saveur
âpre, que la gelée même ne peut mûrir. L'herbe, sous les lits de feuilles
sèches, n'est plus traversée par les fourmis voyageuses; les insectes, les
moucherons qui bourdonnaient dans un rayon de soleil ont disparu, con-
fiant leurs œufs à la terre, aux écorces, aux fissures des rochers; et leurs
larves, soigneusement cachées, attendent dans l'engourdissement le réveil
de la nature.

Malheur à ceux qui n'ont pas leur garde-manger bien garni d'avance!
Ils feront maigre chère. Tous n'ont pas, comme le hardi rouge-gorge,
l'audace d'aller frapper familièrement à la vitre d'une habitation pour
se faire ouvrir, se réchauffer un moment et quêter un peu de nourriture. D'ailleurs, il y a des méchants qui abuseraient de cette sainte confiance, et l'animal doit se tenir sur le qui-vive vis-à-vis de l'homme. Depuis

la sortie de l'Eden, il n'y a plus de sécurité pour lui, et pourtant il n'a pas désobéi à Dieu.

Un matin, le soleil qui s'est levé tard dessine son disque pâle derrière un rideau de brume jaunâtre; le ciel est si bas qu'il semble toucher la terre. Des bandes de corbeaux, — en poussant ces croassements où Dupont de Nemours, qui prétendait entendre le langage des oiseaux, comme Démocrite, a noté vingt-huit intonations différentes, formant un vocabulaire de signaux, — partent pour aller dépecer quelque bête morte. Le noir essaim fend l'air d'un vol plus rapide que d'ordinaire, car il a, avec son instinct prophétique, pressenti un changement de temps.

En effet, de blancs flocons de neige commencent à voltiger et à tourbillonner comme le duvet de cygnes qu'on plumerait là-haut. Bientôt ils deviennent plus nombreux, plus pressés; une légère couche de blancheur, pareille à cette poussière de sucre dont on saupoudre les gâteaux, s'étend sur le sol. Une peluche argentée s'attache aux branches des arbres, et l'on dirait que les toits ont mis des chemises blanches. Il neige. La couche s'épaissit, et déjà, sous un linceul uniforme, les inégalités du terrain ont disparu. Peu à peu les chemins s'effacent, les silhouettes des objets sur lesquels glisse la neige se découpent en noir ou en gris sombre. A l'horizon, la lisière du bois forme une zône roussâtre rehaussée de points de gouache. Et la neige tombe toujours, lentement, silencieusement, car le vent s'est apaisé; les bras des sapins ploient sous le faix, et quelquefois, secouant leur charge, se relèvent brusquement; des paquets de neige glissent et vont s'écraser avec un son mat sur le tapis blanc.

Les geais, les pies, glapissent aigrement et font grincer leur crécelle en volant d'un arbre à un autre, pour chercher un abri contre les étoiles glacées qui tombent sur leur plumage; les moineaux, blottis sous les feuilles des lierres le long des vieux murs, poussent des piaillements de détresse. Ils ont froid, ils ont faim, et l'avenir de leur déjeûner les inquiète.

Sur cette belle nappe, plus blanche que le plus fin linge de Saxe, déployée ironiquement, il n'y a rien à manger. Au contraire, elle recouvre le repas, si l'on peut appeler un repas quelques baies demi-pourries, quelques restes de vermisseaux, ou même l'humble grain d'avoine que la digestion des chevaux laisse tomber sur le chemin.

Du fond de son terrier, le renard, dont les yeux à pupilles elliptiques comme celles des chats, prennent dans l'ombre de vagues phosphorescences, écoute, l'oreille dressée, le chant éloigné d'un coq qui sonne la diane.

Oh! que ce pacha de basse-cour, accompagné de quelques-unes de ses sultanes, ferait bonne figure dans la cuisine de maître Renard! Son nez noir en frémit d'aise au bout de son museau pointu; il passe sa langue sur ses lèvres minces et fait craquer ses mâchoires comme s'il tenait sa proie. La renarde et les renardeaux, déjà grands, ont fort bon appétit également, et le renard, quoique fripon, voleur et enclin au guet-apens, est bon père de famille.

Mais déjà la ferme est éveillée; les servantes vont et viennent, les valets s'occupent de leurs besognes aux écuries, aux étables, et la fumée de la soupe grasse et succulente monte par le tuyau de la cheminée en briques coiffée d'un turban de neige. Il est trop tard : à tenter le coup on risquerait sa peau, et le renard, qui n'en a qu'une, y tient particulièrement.

Cette nuit il a visité les collets tendus par les braconniers aux passages des lièvres, et il n'a rien trouvé. Les lapins se sont tenus chaudement dans leurs logis souterrains, et il a vainement attendu leur sortie.

Enfin, il se décide, pressé par la famine, à se diriger vers la ferme; comptant bien, pour y pénétrer, tirer quelque stratagème de ce sac où les fabulistes ont mis tant de ruses; mais l'aspect d'un chasseur traversant la plaine, fusil sur le bras et précédé de deux chiens en quête, le fait bien vite renoncer à son projet; il rebrousse chemin et retourne à son terrier.

Sur la lisière de la forêt, sous les racines des arbres, entre l'ébouriffement des broussailles et des herbes sèches, poudrées à blanc par la neige qui continue à tomber et tachette l'ombre de ses paillettes d'argent, s'ouvre l'orifice du noir souterrain. Déjà se rasant contre terre, le renard s'y est englouti à moitié; on ne voit plus que sa croupe matelassée d'un poil épais, et sa longue queue bien fournie qui traîne balayant ses pas.

La Fontaine a dit :

« Et que faire en un gîte, à moins que l'on ne songe? »

Que peuvent penser, pendant les longues nuits et les tristes jours d'hiver, les animaux tapis dans leurs retraites? Le sommeil sans doute absorbe une grande partie de leur temps. Mais on ne saurait dormir toujours. L'instinct ne rêve pas. C'est une force innée, appropriée à la nature de chaque animal, qui lui suggère sans trouble, sans hésitation, ce qu'il faut qu'il fasse dans des circonstances données. C'est l'instinct qui lui apprend à préserver sa vie, à trouver sa nourriture, à faire son nid, à élever ses petits; mais les bêtes n'ont pas que l'instinct : elles possèdent aussi une sorte d'intelligence; de vagues pensées, des ébauches de raisonnements traversent leur cerveau obscur. Elles se souviennent; elles comparent. Dans un cas imprévu, elles prennent des déterminations nouvelles, elles modifient leurs ruses. N'y a-t-il pas là de quoi alimenter une songerie inconsciente, peuplée plutôt d'images que d'idées? Et sans prêter l'intelligence humaine au renard, on peut bien supposer qu'au fond de ce chaud terrier il pense aux levrauts qu'il a forcés, aux canards et aux poules étranglés, aux oiseaux retirés du piége à son profit, aux poursuites qu'il a déjouées par sa vitesse ou ses stratagèmes, et peut-être avec une nuance d'ironie aux fox-hunters en habits rouges qui se sont cassé les reins en sautant les haies pour l'attraper. Il peut aussi se permettre quelques réflexions haineuses contre l'homme, qui chasse injustement des bêtes qu'il ne mange pas, et auxquelles la nature appartient aussi bien qu'à lui.

L'hiver a sa beauté, bien que les poètes célèbrent de préférence le printemps, l'été ou même l'automne avec sa riche couronne de pampres rougissants. Il offre des tableaux moins connus, car l'homme regarde peu la nature pendant ces mois rigoureux, mais pleins d'effets pittoresques d'un caractère mélancolique et grandiose, parfois même d'une grâce austère.

L'été est un coloriste, l'hiver est un dessinateur. Il met à nu les formes, il arrête les contours, précise les lignes, indique les emmanchements.

Comme ces feuilles dont on dégage toutes les nervures en frappant leur pulpe verte d'une brosse pour en faire des dentelles végétales d'une incroyable délicatesse, l'hiver, en lui ôtant son feuillage, a fait ressortir l'anatomie de la forêt.

On peut suivre, à partir du tronc, l'insertion et les coudes des branches, la division des rameaux, jusqu'aux brindilles les plus ténues qu'un roitelet ferait ployer en s'y posant. Les fines découpures se superposent sans confondre leurs réseaux, et sous les rameaux l'œil s'enfonce entre les fûts des arbres formant, comme les colonnes de la mosquée de Cordoue, des entrecroisements de nefs. Les brumes, les vapeurs, les pluies, quelquefois un pâle rayon qui se glisse, varient la monotonie de l'aspect. La nature n'est pas si morte qu'elle en a l'air. Du côté du sud, des plaques de mousse étalent leur velours vert sur les écorces. Les lichens spongieux et bleuâtres revêtent les pierres : quelques herbes pointent entre les feuilles desséchées. Une vie sourde circule dans cette apparence endormie, même les jours de neige. Les genévriers se hérissent au bord des chemins, et les houx avec leur feuillage dentelé et piquant gardent leur sombre verdure que rehaussent des touches argentées. Les vieux chênes obstinés, que n'effraient pas les rigueurs de l'hiver, ne consentiront à laisser tomber leurs feuilles, diadèmes d'or roussi, que lorsque le printemps leur aura rendu leur belle couronne verte. Ils étendent sur le chemin raviné, aux bords duquel s'accrochent leurs fortes racines, leurs branches robustes et noueuses où le vieux cerf dix cors soufflant devant lui la fumée de ses naseaux, enchevêtre sa gigantesque ramure en cherchant à se frayer un passage. Dans le silence on entend vivre la forêt. Les arbres agités rendent de sourds murmures. Des froissements d'herbes et de broussailles signalent la fuite de quelque bête. Un oiseau jette un cri; une branche cassée tombe; une plainte étrange, partie on ne sait d'où, vous arrive et vous fait tressaillir. Derrière le treillage mille fois entre-croisé des grêles taillis, vont et viennent, cherchant leur proie, évitant leurs ennemis, tout un monde animal invisible, ou qui traverse comme une flèche l'espace libre des routes. La neige ajoute à la beauté de la forêt, qu'elle change en un immense bouquet de filigrane d'argent. Les pins, avec les glaçons qui pendent à leurs branches, ont l'air de girandoles de cristal qui attendent qu'on allume les bougies pour un bal de fées, de nixes et d'ondines; nous n'osons dire de dryades, car les chênes gaulois nous semblent d'écorce bien rude pour avoir renfermé de ces nymphes délicates.

Mais voici que le soleil descend à travers les brumes. Son disque, pâle le matin, rouge le soir, a fait dans le brouillard une tache sanglante. Il descend encore et brille un instant derrière la dentelle noire de la forêt. L'ombre envahit la nature, ombre froide que n'éclaire aucun rayon de lune, aucune scintillation d'étoile.

Des vapeurs montent de la terre et se mêlent à l'obscurité qui tombe du ciel. La nuit n'est pas encore tout à fait opaque, et dans ce crépuscule qu'illuminent les vagues reflets de la neige, les objets se déforment et prennent des aspects bizarres. Les sapins étendent leurs bras comme des fantômes qui supplient ou menacent. Les racines noueuses se tordent au bord des ravins avec un inextricable emmêlement d'hydre. Les arbres affectent des apparences humaines, et ployant leurs coudes comme pour asséner un coup, ont l'air de guetter le passage d'une victime. D'autres fois, dans les clairières, des fumées s'élèvent du sol, semblables à des ombres sortant du tombeau, drapées de leur suaire. On sent autour de soi une vie confuse, formidable et monstrueuse. Des vols soudains déplacent les branches. Des pas de bêtes invisibles font craquer les herbes; on entend des foulements furtifs. Des prunelles phosphorescentes s'ouvrent comme des trous lumineux dans le noir masque de la nuit. Des plaintes étranges, des piaulements sinistres, des ululations lamentables éclatent, se prolongent et s'éteignent, rendant plus profond le silence effrayé.

A ce bruit, tous les sourds chuchotements se sont tus. C'est la sombre armée des voleurs de nuit, des rapaces, des assassins qui va se mettre en campagne.

Les innocents, les faibles, les petits, tous ceux que la fatalité livre sans défense aux dents, aux griffes, aux becs, ont frémi de l'inexprimable horreur des ténèbres, qui les enveloppe d'un filet aux mailles brunes.

Quel précaire asile, une branche sans feuilles, un trou dans une vieille écorce, une fissure de rocher! Aussi le pauvre oiseau s'enfonce dans sa plume, met sa tête sous son aile et dort d'un sommeil agité, ne comptant pas voir le jour.

Et sa peur est bien fondée, car les voilà étagés sur un rameau transversal, les brigands nocturnes, aux masques effrayants, aux oreilles de plumes dressées comme celles des chats, au bec tordu comme un nez humain, avec leurs yeux phosphoriques dardant des lueurs de lanterne sourde : le grand-duc, le hibou, la chouette, l'orfraie, toute la tribu qu'offusque le jour, la serre aiguisée, le bec repassé, altérés de sang, affamés de chair; ils ont concerté leurs plans; ils connaissent les retraites des victimes; ils savent où elles couchent; ils les ont *chambrés,* comme disent les agents de police.

Le moment est venu. C'est l'heure où la vertu dort, où le crime veille. Les brigands ouvrent silencieusement leur aile au vol muet, ouatée d'un duvet qui amortit le son. Ils glissent dans l'air comme s'ils rampaient. L'ouïe la plus fine, la plus inquiète, ne soupçonne pas même leur approche. L'assassiné n'aperçoit de son meurtrier que deux prunelles rondes et flamboyantes penchées sur son agonie, tant l'attaque a été brusque et conduite avec une habileté scélérate. Les loups, les fouines, les belettes se mettent à rôder ! Partout les embûches sont dressées et la forêt, si paisible en apparence, devient le théâtre de plus de meurtres qu'Ilion après l'irruption des Grecs.

« Mangeurs et mangés, c'est tout histoire naturelle, disait Thomas Vireloque. »

Si le hibou dévore l'oiseau, l'oiseau ne dévore-t-il pas l'insecte?

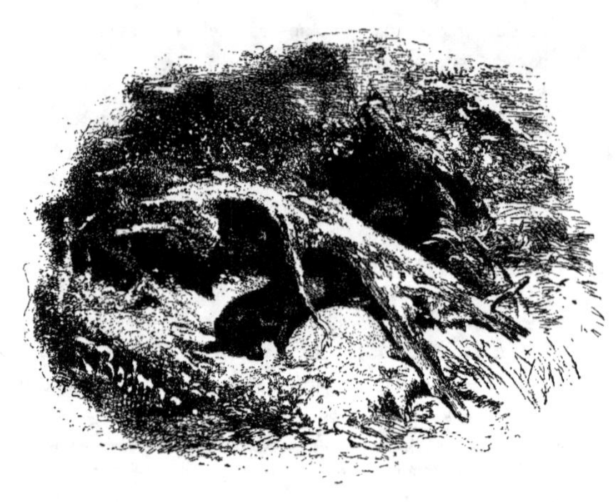

CHAPITRE II

A SON RÉVEIL

L'hiver tire à sa fin. Presque partout la neige a fondu lentement. Il n'en reste plus que quelques plaques de jour en jour plus étroites, aux endroits où l'ombre séjourne et que n'atteint pas le soleil, dans les fissures des rochers, aux plus basses branches des sapins. Les arbres ont secoué la poudre blanche dont Frimaire les avait enfarinés. Les matins sont moins paresseux à se lever, les soirs plus lents à se coucher; la nature dort toujours, mais son sommeil n'est pas aussi profond et ne ressemble pas autant à la mort. Des rêves commencent à l'agiter, riants et légers comme à l'approche du réveil. Le froid, vieillard à la barbe de glaçons, au nez rouge, aux yeux pleurants, les mains emprisonnées dans des mitaines fourrées, le dos chargé d'un carrick à six collets, ne l'obsède plus de son amour sénile, et il s'en est retourné vers le cercle polaire où les ours blancs naviguent sur les banquises.

Mais comme les jaloux, l'Hiver a des retours imprévus, et la nature réveillée tout à fait, n'ose pas encore recevoir chez elle le jeune Printemps qui rôde par là, attendant qu'on lui fasse signe d'entrer, comme à un amant timide en faction sous la fenêtre de sa beauté.

Pour le promeneur distrait, l'aspect de la forêt n'a pas changé : les chênes gardent la plupart de leurs feuilles teintes en couleur de safran et gondolées par les gelées de Décembre ; les frênes, les hêtres, les ormes, complétement dépouillés, laissent voir l'armature de leurs rameaux et de leurs brindilles, et l'on marche à travers l'herbe sèche sur les détritus du feuillage. Tout est encore revêtu de la livrée noire et tannée aux couleurs de la morte-saison. Aucune petite touche de vert ne s'est risquée sur ce grêle dessin, et les branches ressemblent toujours à des réseaux noirs de broderie, attendant que l'aiguille les remplisse de fleurs et de feuilles aux couleurs variées.

Mais cette morne apparence est trompeuse. Cette mort n'est qu'une léthargie, ou plutôt un repos nécessaire et réparateur, où la vie n'est pas suspendue et fonctionne d'une façon latente. Le cœur de la nature n'a pas cessé de battre quoique les pulsations en soient moins sensibles. De sourdes énergies couvent sous ce linceul de neige, de feuilles mortes et d'herbes flétries. La séve, ce sang de la végétation, un moment engourdie, commence à reprendre son cours et à circuler dans les canaux qui sont des veines et des artères. Le bois se gonfle, les sucs affluent et montent jusqu'aux plus hautes cîmes ; mais ce mouvement, rien ne le trahit au dehors. Sous l'influence occulte, les germes cachés dans le sein de la terre tressaillent : une inquiétude les agite et l'ennui les prend de leur prison obscure. Ils sentent le besoin de s'élancer plus haut, de monter vers la lumière et de s'y épanouir. Oh ! qu'il y a longtemps qu'ils sont là, ensevelis dans la solitude et le silence, n'ayant que de confuses perceptions, comme un enfant au sein de sa mère ; de tous leurs efforts ils tâchent de percer la croûte qui les sépare du monde vivant. Ils ont l'impérieuse soif de naître

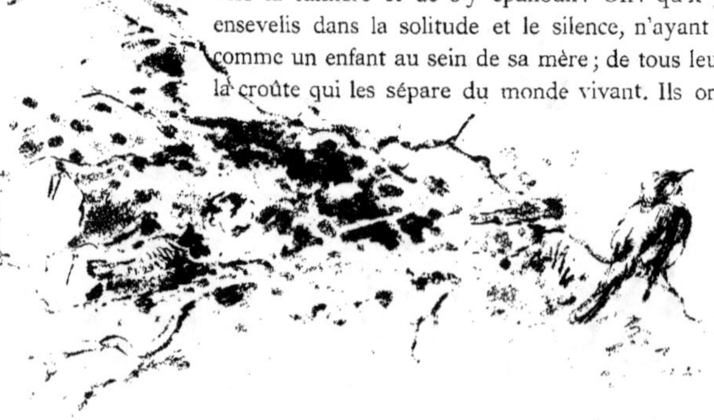

et de figurer dans la grande représentation universelle, comme des acteurs dont c'est le tour, et que le régisseur avertit de ne pas manquer leur entrée.

La même agitation règne parmi les larves, les chrysalides, attendant l'heure de la métamorphose. Dans sa coque de soie, entre la feuille sèche repliée comme une oublie sous la pierre humide, au creux du bois vermoulu, aux fissures des roches, sous les racines des arbres, au bord des flaques d'eau, l'insecte se remue et s'apprête ; mais il ne se risque pas encore à briser l'enveloppe qui le protége : quelques jours de patience sont indispensables. S'il sortait trop tôt, le froid des nuits le ferait périr, et d'ailleurs sa table n'est pas mise, ses officiers de bouche ne sont pas arrivés.

Seuls, les geais et les pies-grièches sautent de branche en branche, se querellant et caquetant. Les autres oiseaux, plus aimables, n'ont pas commencé leurs ramages. Les vrais chanteurs se taisent, de peur de s'enrhumer sans doute. De temps en temps un chevreuil, d'un mouvement brusque, traverse la clairière ; un renard revient de la maraude avec une poule jetée sur son dos, et un grand cerf, à puissante ramure, s'arrête sur le haut d'un tertre, rappelant ce cerf miraculeux portant un crucifix entre son bois, apparu à saint Hubert, et dont Albert Durer a fait une si belle gravure.

C'est bien toujours l'hiver, mais l'aurore brille plus rose derrière le grillage des arbres nus ; des souffles moins âpres déplacent les feuilles mortes ; quelques mousses brunes prennent des reflets verdâtres sur le tronc des hêtres ; les extrémités des branches rougissent ; des bourgeons se montrent aux aisselles des rameaux, vernis d'une liqueur visqueuse. Une odeur de jeune séve printanière se répand et parfume la forêt.

Cependant aucune fleur ne s'est décidée, et l'on ne voit à travers les arbustes chauves, pour varier l'uniformité des teintes brunes, que les fruits rouges du houx et du fusain, dont la pourpre persistante a bravé l'hiver.

Mais voici que des pluies douces, amenées par le tiède vent d'ouest, ont pénétré et amolli le sol.

Sur la lisière des bois, la perce-neige lève timidement sa tête blanche ; à demi-cachée par une feuille sèche de chêne, la modeste violette exhale son parfum doux et suave.

La primevère pique de son étincelle jaune le bord du sentier, et la pulmonaire montre ses fleurs d'un bleu pâle.

La pâquerette a mis sa collerette blanche, soigneusement plissée, et vous regarde amicalement de son œil d'or dans l'herbe reverdie.

Déjà quelques bourgeons ont éclaté sur les essences précoces, et la petite feuille chiffonnée se déploie, fine, soyeuse, transparente, d'un vert clair et gai, d'un vert d'espérance. Mais le chêne au tronc rugueux, aux branches noueuses, satisfait de sa couronne rousse, qu'il n'a pas dépouillée comme les autres arbres, reste insensible aux agaceries du Printemps, comme un aïeul morose qu'importune la gaieté des enfants jasant autour de lui. L'orme non plus ne s'émeut pas de ces premiers sourires de l'année.

Le silence est rompu : le joyeux sifflet du merle s'est fait entendre, et le pinson lui a allégrement répondu. Le pinson franc et vif a confiance dans la nature. Dès qu'un rayon de soleil a lui, que quelques fleurettes ont émaillé l'herbe et qu'une légère frondaison commence à estomper le bois, il se croit sûr de son fait. « Voilà le beau temps revenu, » se dit-il dans son langage d'oiseau; « plus de frimats, plus de neige, plus de ces longues nuits interminables, si pleines de dangers et de terreurs; » et le pinson, dans sa joie pétulante, reprend son cahier de solfége et fait des vocalises à plein gosier. On n'entend que lui, et il semble gourmander l'orchestre de la forêt, qui tarde à jouer l'ouverture du Printemps.

Il est vrai que souvent il arrive, pendant qu'il chante, qu'une bise froide, un vent coulis perfide se glisse à travers les arbres mal garnis et lui cause une extinction de voix; mais alors il fait comme un grand chanteur et se passe des notes absentes. Heureusement, cela ne dure guère; la première bouffée de chaleur lui rend ses moyens, et il en profite pour faire des aveux d'amour et donner des sérénades à sa belle.

L'heureux couple va, vient, sautille et volète; mais ce n'est pas une activité sans but, une joyeuse gymnastique faite pour contenter la légèreté aérienne de l'oiseau; il s'agit d'assurer un abri à la future famille, de lui bâtir un berceau et une maison, de mener à bien ce grand œuvre du nid, doux foyer où sous la poitrine et le cœur de la mère se mûrit l'œuf où déjà tressaille la vie.

Pourtant notre artiste, quoiqu'il ait l'humeur fantasque comme tout virtuose, ne manque pas de prudence : il place son nid à l'insertion de deux branches, d'une façon si adroite qu'il est difficile de l'apercevoir. Il le bâtit de mousses, de lichens, de brindilles et de petites plantes parasites arrachées à l'arbre même

sur lequel il a pris domicile. A moins d'être prévenu, vous prendriez ce nid pour une excroissance du tronc, vous le confondriez avec l'écorce. Malgré cette apparence rustique, il est à l'intérieur chaud et moelleux, capitonné de duvet et confortable comme ces kiosques faits de morceaux de bois curieusement difformes et parés au dedans de toutes les recherches du luxe. Bien que la saison soit peu avancée, le ménage prospérera ; l'amour comme la fortune, aime les audacieux, et bientôt, dans ce houx épineux, hérissé comme un bourru bienfaisant, les oisillons mis à couvert ouvriront leur bec. La dynastie des pinsons est assurée pour longtemps.

Dans les clairières où se joue le soleil poussent les plantes qui craignent l'ombre trop épaisse des hautes futaies, et qui aiment à s'épanouir à l'air libre et à la lumière ; la fétuque pennée, la molinie bleue, la canche flexueuse, à panicules pourprés, les graminées à tige grêle et sans nœud, et l'airelle qui n'aura qu'à l'automne les jolies grappes de baies noires appelées Raisin, des bois.

Partout le mouvement gagne, la fermentation augmente ; des bourgeons éclatent, des calices s'ouvrent, des voix s'éveillent ; la vie fait sa grande invasion.

D'un jour à l'autre, les teintes se modifient ; ce n'était d'abord qu'un léger frottis pour couvrir la toile, comme le font les peintres lorsqu'ils ébauchent un tableau ; puis les touches se superposent, les tons deviennent plus solides, le feuillé plus nourri. Les détails, d'abord minutieux et un peu grêles, comme dans les panneaux des maîtres primitifs, prennent de l'ampleur en se fondant dans la masse mais lentement, par gradations presque insensibles ; la nature n'est jamais pressée, surtout dans nos climats.

Ce n'est pas seulement dans l'air et dans la terre qu'a lieu le réveil des forces vivantes ; l'eau féconde fourmille d'êtres et de plantes qui s'agitent et veulent se dégager de la matière inerte.

Sortons un moment du bois et venons près de cette mare où, par d'invisibles drainages à travers l'herbe, les feuilles, les mousses, les sables, se sont amassées les eaux de la forêt, pour faire un de ces miroirs clairs et sombres que les anciens, dans leur langage poétique, appelaient « Miroir de Diane » *Speculum Dianæ*.

C'est sur le bord d'un taillis ; les arbres aux troncs sveltes, aux ramures

délicates que recouvre à peine un feuillage naissant, se dessinent sur un fond
de ciel clair, comme ces délicates découpures en papier noir, chefs-d'œuvre de
ciseaux patients. Entre leurs fûts élancés comme des colonnettes gothiques, se
hérissent quelques arbustes sylvestres. Leurs pieds plongent dans des mousses
humides et des plantes aquatiques qui s'épaississent. Ce sont des joncs, des
roseaux, des prêles, des sagittaires avec leurs feuilles en fer de lance; des nénuphars étalant leurs cœurs plats et visqueux; des lentilles d'eau qui, sous leur
petit disque vert, laissent pendre des fils vivants, transition de l'animal à la
plante; c'est toute une flore marécageuse.

Dans les places qui ne sont pas envahies, la mare polie et dormante
reflète le taillis qu'elle a l'air de vouloir noyer sous ses eaux. De vives plaques
de lumière étincellent çà et là sur ce fond sombre, à travers le tremblement
noir des arbres et le remous qu'y produisent les ébats des canards sauvages,
seuls habitants visibles de cette solitude, où l'on sent pourtant la présence
d'un esprit secret, de celui que l'antiquité nommait Pan et qu'elle faisait plus
grand que Jupiter.

Cette mare est tout un monde; si l'œil pouvait pénétrer cette onde épaisse
comme il fait de la goutte d'eau transparente posée sur l'objectif du microscope, il y verrait un fourmillement étrange d'infusoires, d'animalcules, de
zoophytes, de larves secouant leurs langes, débauches d'insectes qui ont
encore deux ou trois masques à déposer avant d'arriver à leur forme
définitive. Cela grouille, cela rampe, cela sautille, cela voyage dans une
bulle d'air; cela patine à la surface avec une agilité et une sûreté que n'eurent
jamais les membres les plus sveltes du Club des Patineurs, au Bois de Bou-
logne.

Il y a là des salamandres, des hydrophiliens, des têtards, des nymphes de
libellules, des cousins en préparation, des moucherons à l'état microscopique,
tout cet escadron ailé armé de scies, de trompes, de tarières, de suçoirs qui,
l'été, enveloppe l'homme d'un nuage bourdonnant et lui inflige d'insuppor-
tables tortures.

Combien plus nombreux seraient-ils, ces buveurs de sang, si ces honnêtes
canards, qui semblent s'amuser à faire le plongeon et à enfoncer par plaisir

leur col d'or bleu et d'émeraude dans cette eau qu'ils troublent, ne détruisaient pour se nourrir des myriades de larves, et ne mettaient un frein à cette effroyable population. La Nature, comme si elle avait peur de sa propre fécondité, place toujours, à côté de ces espèces à multiplication presque indéfinie, une espèce supérieure qui la détruit dans la proportion voulue. Elle a créé l'oiseau pour combattre l'insecte, la mort corrige la vie; l'inférieur passe dans le supérieur comme élément, et l'équilibre se maintient.

Mais il n'y a pas que des cousins et des moustiques dans les bois.

Regardez cette branche de houx : elle est habitée par des hôtes plus aimables, qu'elle a défendus pendant les mois d'hiver contre les intempéries des saisons, abritant leurs chrysalides de ses feuilles à dards aigus, qu'on dirait fouillées au ciseau, tant leurs arêtes sont vives. Si l'acanthe, se contournant sous une tuile, a produit le chapiteau corinthien, le feuillage du houx semble avoir fourni le modèle du chapiteau gothique.

Voyez cette chenille qui traîne ses anneaux couleur de turquoise hérissés de poils soyeux. Ne la méprisez pas parce qu'elle rampe encore péniblement : tout à l'heure elle va rejeter cette peau, gaîne étroite qui gêne son allure et qu'elle laissera dans quelques instants à terre comme un vêtement d'un autre âge. Psyché, démaillotée, va déplier ses ailes et s'élancer vers la pure lumière comme une âme qui abandonne son corps.

Salut, papillon étincelant qui sembles vouloir consoler les fleurs de leur immobilité fatale, et dont les ailes ont l'air de pétales ! Te voilà délivré, te voilà en possession de l'espace ! Tu as subi tes épreuves, dormi tes sommeils, épuisé le cercle de tes métamorphoses ! Tu es parfait maintenant; tu n'as plus qu'à aimer et à mourir.

Mais, dans cet état brillant, te souvient-il des phases antérieures? Y a-t-il une conscience chez toi des longues heures passées dans la coque de la chrysalide, dans le fourreau de la larve?

A chacune de tes métamorphoses, au moment de t'engourdir, as-tu senti l'angoisse de la mort et de l'inconnu? Cet évanouissement terrible, ce passage noir d'un monde à un autre, ont-ils laissé quelque trace dans ta mémoire? Cette chenille, moins précoce que toi, qui chemine lentement sur cette branche, sais-tu qu'elle est ta sœur? Cette peau qui était la tienne, ne la prends-tu pas déjà pour un débris de feuille?

Mais à quoi bon adresser des questions philosophiques à ce pauvre papillon tout récemment éclos, qui brûle d'essayer ses ailes neuves, de traverser l'espace, d'aller de la fleur bleue à la fleur rose, de danser dans un rayon de soleil et de poursuivre au-dessus des prés sa compagne future?

Allons, Amour, embrasse Psyché, et ne prends pas la peine de nous répondre!

CHAPITRE III

ON LUI DONNE UNE SÉRÉNADE

Un des hérauts du Printemps, c'est le coucou,
un bizarre oiseau qui s'est nommé lui-même et
que chaque langue désigne par l'onomatopée
de son chant. Dès les premiers beaux jours, on
entend retentir ses deux notes dans les bois ;

mais il est difficile d'apercevoir le chanteur : on le rappellerait après sa cavatine qu'il ne reparaîtrait pas, tant il est peureux et farouche. Peut-être est-ce simple modestie; mais ce n'est pourtant pas de ce côté que pèchent les virtuoses.

La plus commode manière d'observer le coucou, c'est d'avoir, fixée à la muraille de sa chambre, une de ces mignonnes horloges de bois qu'on découpe si finement dans le Tyrol.

Quand l'aiguille vient se poser sur le chiffre de l'heure, deux petites portes pratiquées au fronton du chalet ou du château gothique que représente ordinairement l'horloge, s'ouvrent et se renversent avec fracas, et solennement, avec un bruit de rouages, s'avance un oiseau sculpté, peint et verni, qui penche la tête, bat des ailes et fait *coucou* autant de fois que l'heure contient de chiffres.

Les meilleurs moments pour l'observer sont midi et minuit; que l'imitation soit bien exacte, nous n'en répondrions pas, et les ornithologues sérieux trouveraient sans doute beaucoup de choses à y reprendre. Mais l'on n'a pas toujours le temps d'aller voir la Nature chez elle, surtout lorsqu'on lui a fait plusieurs visites sans la trouver.

On a raconté bien des choses fabuleuses sur le coucou, dont le nom scientifique est *Cuculus canorus*. Les anciens croyaient qu'il se métamorphosait, à une certaine époque de l'année, en milan ou en épervier, car il ressemble à la fois à un rapace et à un grimpeur; mais il n'est ni l'un ni l'autre, et son ambiguïté ménage la transition.

Le coucou ne prête pas beaucoup aux descriptions tendres et sentimentales : il est médiocrement amoureux et n'a pas le sentiment de la famille. Il se soucie très-peu de voir cinq ou six larges becs béants au bord d'un nid réclamant leur nourriture. Pour éviter cet inconvénient, il n'a pas de domicile et il vit en garçon; la femelle pond ses œufs dans le nid des rouges-gorges et des autres oisillons, ayant soin de n'en mettre qu'un dans chaque nid, puis elle secoue ses ailes et s'en va, ne songeant plus à sa progéniture.

Les oiseaux sont généralement des sopranos et des ténors; le coucou a une voix de baryton qui résonne avec une gravité presque humaine. Quand on l'entend pour la première fois de l'année, la superstition populaire veut qu'en manière de conjuration, on porte la main à son gousset, car s'il ne s'y trouvait pas d'argent en ce moment-là, on courrait le risque de loger le diable dans sa poche jusqu'à la Saint-Sylvestre. Bien des poètes et des artistes ont dû entendre chanter le coucou sans prendre cette précaution.

Ce pauvre coucou calomnié, qu'on taxe de mauvais cœur, de libertin, de mauvais père, qui abandonne sans vergogne ses enfants et les fait nourrir par d'autres qui s'épuisent à cette besogne, s'il se conduit ainsi, ce n'est ni par paresse ni par dureté d'âme : il a un devoir à remplir, une tâche que lui a imposée la nature.

Sa spécialité est de détruire les chenilles processionnaires ; lui seul a le bec assez large, l'estomac assez rapace, parmi les insectivores, pour s'acquitter de cette fonction ; et certes, ce n'est pas de sa part sensualité gourmande ; les chenilles sont hérissées d'un duvet piquant comme le crin, brûlant comme l'ortie, que l'oiseau rejette par petites boules feutrées, comme les chats angoras qui ont avalé leur poil.

Ce qui lui reste de moëlle pour sa peine n'est pas bien succulent, et il se remet aussitôt à l'œuvre.

Comme ces chenilles font leurs ravages à l'époque des amours et des couvées, vous voyez bien que le coucou n'a pas le temps de construire un nid et d'élever sa famille. Il se sacrifie à l'intérêt public, et les oiseaux, moins ingrats que les hommes, lui nourrissent ses petits, pour qu'il puisse vaquer librement à sa mission.

Aussi le voilà près de cette touffe de Sceau de Salomon, une des premières plantes qui verdissent dans la forêt, épiant les chenilles dont la phalange va se déployer au grand préjudice du feuillage naissant, si frais et si tendre ; et pendant qu'il guette, le papillon, récemment délivré de sa chrysalide, fait palpiter ses ailes nuancées, semées d'yeux comme les plumes du paon. Le narcisse, parmi les sveltes graminées, entr'ouvre sa fleur jaune, qui semble porter une petite coupe au milieu de ses six pétales, et sous l'herbe commence à cheminer, à voleter, à bourdonner le monde presque invisible des insectes ; des cirons circulent dans le velours d'une plaque de mousse, qui est pour eux une gigantesque forêt vierge aux lianes inextricables.

La saison est décidément ouverte.

Le feuillage, léger d'abord, s'épaissit ; chaque arbre à son tour, selon qu'il est précoce ou tardif, a mis son habit vert. Le chêne lui-même, à travers sa rude écorce, laisse pointer quelques jeunes feuilles.

La forêt n'a plus cette transparence qui permettait au regard d'en sonder la profondeur. On n'y voit plus passer, comme une ombre, la fuite des chevreuils et des cerfs, et le soleil n'arrive plus qu'en gouttes d'or, à travers les déchiquetures du feuillage, sur les herbes qui poussent au pied des hêtres où s'étendaient les bergers de l'Églogue.

Rien de plus frais, de plus tendre que tous ces verts mêlés avec tant d'art sur la palette de la nature ; le bleu s'y combine avec le jaune dans des proportions d'une variété infinie, que les peintres les plus habiles ne reproduisent jamais qu'incomplétement ; mais le jaune domine, jaune transparent, soyeux, imprégné de lumière : les feuilles sont blondes comme les cheveux des tout jeunes enfants.

Aussi, quelle joie, quelle animation, quelle turbulence parmi la gent ailée ! Ce ne sont que roulades, sons filés, points d'orgue, trilles, cadences, gammes chromatiques. Chacun s'en donne à plein gosier, sans se soucier le moins du monde du voisin ; et cela forme le plus délicieux charivari qu'on puisse entendre : c'est comme s'y l'on jouait en même temps une sonate de Haydn et un menuet de Mozart.

Mais rien ne choque dans cette joyeuse discordance, parce que la vraie harmonie est dans le fond du tumulte. Unique est le thème, si les broderies sont variées ; et ce thème est l'amour.

Parmi ce gai tapage, l'oreille distingue bientôt la phrase cadencée de la grive musicienne, qui pourrait se noter au piano, tant elle est nette. La grive a ce sentiment du rhythme qui manque, en général, aux oiseaux, au rossignol lui-même, partisan de la mélodie continue, comme Wagner. Le merle a la voix plus douce, plus moelleuse, mais moins étendue. Son extension n'est guère que d'une octave, et, pour les notes hautes, il a recours au fausset.

Cette chanson éclatante et sonore est celle de la fauvette à tête noire, l'Adelina Patti du groupe des fauvettes : la fauvette des jardins, la fauvette épervière, la babillarde, la grisette, n'ont pas ce talent. Ce ne sont pas des *donne di primo cartello,* des étoiles à mettre en vedette sur l'affiche ; mais elles font très-bien leur partie dans le concert et savent se rendre utiles.

Écoutez cette cadence perlée d'un accent un peu mélancolique : c'est le rouge-gorge qui la jette à travers les gazouillements, les murmures et les cris divers de l'orchestre ailé.

On dirait l'âme de la forêt qui parle en rêvant et raconte un songe printanier.

Le loriot et le pinson jabotent, et le coucou fait la basse ; et, comme pour représenter la critique, Margot la pie fait, après chaque morceau, grincer sa note aiguë.

Au bord d'une prairie dont l'herbe est semée de paillettes blanches, bleues, jaunes, tombées de la main prodigue d'Avril, une source s'épanche et s'étale sous l'ombre des aunes, parmi les touffes de salicaire aux feuilles lancéolées, les rubans d'eau, les flambes, les scirpes de marais, les joncs et d'autres plantes qui aiment l'humidité et la fraîcheur. Avec un petit bouillonnement harmonieux, l'eau jaillit d'une fissure de rocher que tapissent des mousses de velours. Avant de prendre son cours, la source semble se recueillir et rêver dans son bassin, sur un lit de sable et de cresson. Son eau est si pure, si cristalline, qu'on ne l'aperçoit qu'aux petits points diamantés que fait briller çà et là, sur ses rives, son imperceptible remous, et aussi parce qu'elle rend plus sombres les verdures et les reflets submergés, comme un vernis ou une glace sur un tableau.

Dans ce miroir d'acier bruni, Ingres eût aimé à faire se réfléchir les pieds de marbre de cette belle jeune fille nue qui laisse tomber un ruisseau de l'urne inclinée sur son épaule. L'antiquité mythologique eût couché une naïade sur ce vert gazon émaillé par les turquoises des myosotis.

Mais la Nature, aujourd'hui, se passe fort bien de ces embellissements, et les sources, pour ne pas couler d'urnes grecques, n'en sont pas moins poétiques. Toutefois, nous ne dédaignons nullement les naïades et les nymphes, et leur temple rustique fait bonne figure dans le roman de Daphnis et Chloé, qu'il faut relire une fois par an, selon Goethe, pour se remettre au ton simple et naïf.

Près de ce bassin naturel, qui est une coupe et un bain, les oiseaux se rassemblent pour y tremper leurs becs et leurs ailes. Dans leurs trémoussements, ils font rejaillir l'eau en pluie de perles. Ils s'éclaboussent et semblent rire comme des gamins : des branches sèches tombées dans la source et dont quelques rameaux ressortent, des pierres qui s'élèvent au-dessus du niveau comme des écueils, leur servent de perchoir et de séchoir ; et de là ils s'envolent en

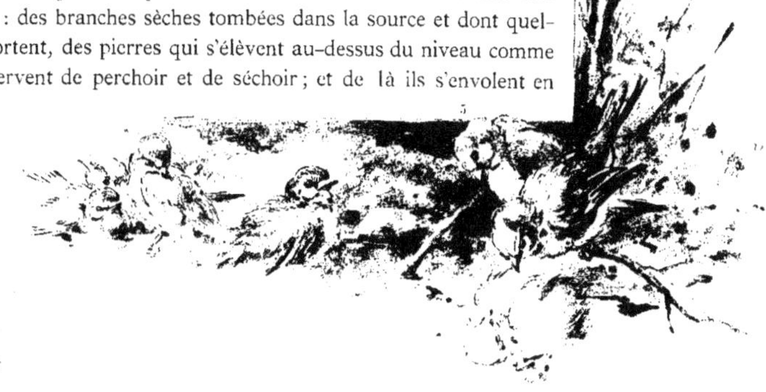

pépiant sur les branches voisines, avec un bruit joyeux et mutin, comme s'ils se querellaient; mais n'en ayez aucune alarme, ce sont des disputes d'amoureux, bientôt suivies de tendres raccommodements.

De temps à autre passe un éclair bleu qui rase l'eau : c'est le martin-pêcheur, avec son aile où s'enchâsse un morceau d'aigue-marine. Il n'est là qu'en visite, ce n'est pas un hôte des bois. La fraîche source l'a séduit; car il se tient habituellement sur le bord des rivières, le long des oseraies, des rangées de saules et des barrages de vieilles planches où abonde le fretin dont il fait sa nourriture. Il est un peu brusque et sauvage, et parfois son départ rapide surprend le promeneur.

Qu'il fait bon s'arrêter au bord de cette eau si pure et si tranquille, de s'asseoir dans l'herbe moelleuse et de s'y tenir immobile pour ne pas effaroucher cette population charmante qui est bien là chez elle, et que vous n'avez pas le droit de troubler !

D'abord les oiseaux auront peur et s'envoleront à quelque distance. Cachés entre deux feuilles, ils vous observeront de leurs petits yeux ronds et scintillants qui voient si bien. Ils auront bientôt deviné que vous n'êtes pas un chasseur.

Dès qu'ils comprendront que vous n'avez envie ni de les tuer, ni de les empailler, mais seulement de les regarder et de les admirer en simple poète, ils seront vite rassurés. Le bâton couché auprès de vous, qu'ils avaient pris pour un fusil, ne leur inspirera plus aucune crainte. Ils se rapprocheront, sûrs après tout d'être hors d'atteinte d'un coup d'aile, et vaqueront à leurs petites affaires comme si vous n'étiez pas là.

Quelque petit de la dernière couvée, sorti du nid hier peut-être avec son plumage encore un peu court, se hasardera tout près de vous pour contempler à son aise cet animal étonnant qu'il n'a pas vu dans les bois et qu'on appelle Homme.

Bientôt le cerf, enhardi, vous prenant pour une statue, viendra boire sur l'autre rive, en face de vous, relevant de temps en temps la tête, et laissant tomber des fils d'argent de son muffle noir.

A votre départ de la ville, vous aviez emporté un livre, quelque petit Horace elzévir, d'un format commode et n'encombrant pas la poche, ou tout autre poète moderne favori; car dans les bois on ne peut pas lire de prose. Mais à quoi bon lire un livre imprimé quand on a devant soi, tout ouvert, le grand livre universel, cette Bible d'images, de parfums et de sonorités, si pleine de sens mystérieux et vaguement profonds, de phrases dont on entrevoit le mot, mais qui ne se laissent pas arracher leur énigme?

Épeler une seule ligne, au premier feuillet tournant sous votre doigt, suffit pour occuper non-seulement la journée, mais toute la vie.

Penchez-vous vers l'herbe, et, entre les brins de la fétuque, du pâturin, de l'agroste, de la folle avoine, de la fausse ivraie, vous verrez cheminer, si vous avez de bons yeux, toute une armée d'insectes dans l'ardeur d'une existence nouvelle; car, il y a quelques jours à peine, ils sommeillaient, enveloppés de leurs coques à l'état de chrysalides. Ils vont à leurs destins avec une certitude instinctive, aucun d'eux n'ayant vu ses parents et tous étant des enfants posthumes, dont une prévoyance étrange avait arrangé la vie future. Ils cherchent leur proie végétale, morte ou vivante; ils se préparent des retraites; ils combattent leurs ennemis, les dévorent ou en sont dévorés.

C'est la loi de nature, et la vie, chose cruelle à dire, n'est qu'un carnage équilibré. Il se fait, sous ces touffes d'herbe, entre infiniment petits, des massacres égaux, sinon supérieurs aux plus grandes batailles humaines.

Le temps passe vite dans cette solitude, si animée sous son apparence tranquille, et qui dépasse en habitants la ville la plus populeuse.

Déjà le soleil, plus oblique, lance ses flèches d'or à travers les palissades des arbres, dont les ombres bleues s'allongent sur. les pentes du gazon. Les oiseaux se rassemblent et cherchent la branche sur laquelle ils doivent passer la nuit; mais avant de s'endormir ils se racontent les commérages et les petits scandales de la journée. Comme ils pépient, comme ils jacassent, comme ils sautent, chacun apportant sa nouvelle! Les prudes déplorent la conduite d'une oiselle qui se compromet. On a vu un chardonneret en conter à une fauvette.

Mais, autant en emporte le vent, et la fauvette n'en sera pas moins bien reçue dans la bonne société.

Il est l'heure de vous acheminer vers la lisière de la forêt; mais en retournant à la ville, comme à regret et d'un pas lent, cueillez dans l'herbe les petites fleurs sylvestres qui se rencontreront sous vos pas : la violette parfumée, la primevère, la circée parisienne, le lierre terrestre, la pulmonaire, le narcisse des poètes, l'anémone, l'ancolie, le bouton d'or, et surtout la gentille pâquerette, cette marguerite en miniature qui porte un soleil dans une étoile et dont les pétales arrachés répondent aux questions amoureuses :

« Un peu, beaucoup, pas du tout. »

Qui ne s'est moqué de cette jolie croyance populaire, et qui n'a pas, à un certain moment de sa vie, interrogé la fleur avec une certaine anxiété, la jetant si elle ne rendait pas un oracle favorable?

Nouez le bouquet avec quelques-unes de ces longues herbes dont les enfants se servent pour enfiler des perles, et, si la jeune fille à qui vous l'offrirez ne le reçoit pas avec autant de plaisir qu'un bouquet de Mme Prévost, ce n'est pas la peine de questionner la marguerite.

CHAPITRE IV

ELLE SE PARE POUR LA NOCE

Voilà donc le printemps qui a fait son installation
définitive : il règne dans toute sa gloire, et, couronné de fleurs,
trône sous sa tente de verdure plus splendide qu'un pavillon
de roi, quoiqu'elle n'ait rien coûté et qu'on n'y voie ni pans de
velours, ni lambrequins, ni courtines relevées de câbles d'or,
ni sentinelles veillant appuyées sur leurs armes.

Maintenant, le feuillage a partout caché l'armature des arbres. Par masses harmonieusement arrondies, il s'est suspendu aux branches, depuis les plus grosses, qui s'insèrent au tronc directement, jusqu'aux plus petites qui se subdivisent en rameaux presque capillaires. Mais à travers ces touffes plus ou moins épaisses, la forme, le port, l'attitude de l'arbre se distinguent toujours : on reconnaîtrait le chêne, le hêtre, l'orme, le frêne, le charme, le bouleau, quand bien même la découpure et la coloration de la feuille n'indiqueraient pas la diversité des essences.

Quelle variété immense de tons, dans cette livrée en apparence monochrome dont la nature revêt le règne végétal! Tout cela, dans le pauvre langage de l'homme, s'appelle du *vert*. C'est le mélange du rayon jaune et du rayon bleu, mais la proportion n'est jamais la même; et pour nous servir des termes de la peinture, qui donnent mieux l'idée des nuances que des descriptions approximatives ne sauraient le faire, au bleu de Prusse fondamental se mêle la nombreuse gamme des jaunes : l'ocre, l'ocre de rue, le jaune de Naples, le jaune de chrome, le jaune de Mars, le jaune indien, les laques jaunes pour les glacis; plus quelques verts spéciaux, le vert minéral, le vert de Scheel, le vert Véronèse, le tout modifié par l'introduction des gris argentés que nécessite le feuillage des bouleaux, des trembles, des saules et autres arbres de couleur pâle; et encore quand on veut peindre une forêt, cette palette est bien insuffisante.

C'est un axiome en matière d'association de couleurs que le bleu et le vert ne vont pas ensemble. — Un châle vert sur une robe bleue! La pensée d'une telle barbarie ferait évanouir une femme élégante; et cependant c'est l'accord que la Nature, qui s'y connaît, nous le supposons du moins, emploie le plus volontiers. Nous en prenons à témoin les innombrables cîmes de forêts verdoyantes qu'elle fait se découper sur le fond azuré du ciel; mais elle sait rendre harmonieux ce que l'homme laisse faux et criard.

Se sentant abrités, enveloppés de mystère, dérobés à la vue des ennemis qui les poursuivent, assurés d'une nourriture abondante et facile, les oiseaux qui se tenaient tapis sous le mince abri d'une branche, recevant la pluie froide sur leurs ailes alourdies, ou dans quelque fissure d'arbres ou de rocher, tristes, ennuyés, solitaires, en proie à la terreur des longues nuits, faisant maigre tous les jours de la semaine, volètent et chantent joyeusement pour célébrer le retour de la lumière, la lumière bien-aimée qui apporte la gaieté, la vie et la chaleur. Comme Goethe, ils disent : de la lumière! oh! plus de lumière encore!

Avec le beau temps reviennent les amours : les galants cherchent leurs beautés. Ce n'est par tout le bois que gazouillements, ramages, fredons, cris d'appel, déclarations, aveux modulés, sifflés, pépiés, garrulés. Les muets de l'hiver sont devenus les bavards du printemps. Le pivert lui-même, ce rude travailleur, dont on entend sonner de loin le marteau contre le tronc des arbres, essaie quelques gauches madrigaux devant sa famille qui fait la dédaigneuse, mais n'est pas moins touchée; car il y a chez les oiseaux, comme chez les hommes, des Jean-Jacques Rousseau et des Don Juan, les timides et les effrontés.

Le petit roitelet, l'oiseau-mouche de nos climats, si vif, si gai, si alerte, qui a, lorsqu'il marche, la prestesse de mouvement d'une souris effarouchée, et qui sautille à travers les haies, vous accompagnant d'un air moqueur, en gentil camarade à la fois craintif et familier, n'est pas le dernier à déclarer sa flamme, car il y a un grand cœur dans ce corps mignon. Vous le voyez, sur la lisière du bois, aller et venir, la queue retroussée comme celle d'un coq, pétulant, affairé, sautant de ci, de là, ayant au bec tantôt un bout de crin, tantôt un brin de mousse ou quelque petite bûchette : au moindre bruit des feuilles, au plus léger froissement des herbes, il s'envole d'une brusque saccade; mais bientôt il reparaît, et se rapproche par des sauts de côté, la queue toujours dressée, de ce tas de fagots oublié là par quelque bûcheron qui n'a pas voulu se donner la peine de le traîner jusqu'à la ville, et où s'accrochent déjà des guirlandes de lierre; car la Nature, cette infatigable brodeuse, profite du moindre canevas pour y tracer ses élégantes arabesques. Le petit gaillard, amant près de devenir père, travaille au nid qui doit contenir la famille future. Il se hâte, le moment de la ponte approche, et déjà la femelle, pressentant la maternité, se place, les ailes frémissantes, dans un berceau qu'elle arrondit, dont elle raffermit le tour, qu'elle imprègne de sa chaleur, qu'elle attendrit de son âme maternelle; car il est toujours rude le passage du non-être à la vie.

A cette douce tiédeur, la couvée éclora bientôt. La frêle coque des œufs se brisera et les petits se culbuteront sous le ventre de la mère. En attendant ce bienheureux jour, elle ne peut quitter le nid; le moindre air frais compromettrait l'avenir de la couvée, et les oiseaux, sans avoir de ther-momètre, connaissent le degré de chaleur qu'il faut. Pourtant, elle s'est absentée un moment, rien qu'un moment; car la faim la pressait, et le roitelet, parti aux provisions, ne trouvant rien sans doute, ne revenait pas. Une femelle de coucou, un oiseau énorme si on le compare à notre petit camarade, s'est abattue sur le nid et y a laissé un œuf pas beaucoup plus gros que les autres; puis elle s'est enfuie à tire d'aile, comme une mauvaise mère qui a déposé son enfant sur le seuil de l'hospice.

L'oiselle du roitelet est revenue aussitôt, et ne s'est aperçue de rien; car les oiseaux, bien que pleins d'intelligence, ne sont pas forts en arithmétique. Les pies, qui sont les Barême de la gent ailée, comptent, dit-on, jusqu'à cinq. Mais les roitelets n'en savent pas si long; aussi notre couveuse ne voit-elle pas que le nombre de ses œufs est augmenté. Elle reprend sa place, et le roitelet revient, non pas tout droit, mais en traçant des zig-zags, destinés à dérouter les yeux qui peuvent l'épier. Il ne veut pas trahir la retraite qui abrite ses chères amours. Il vole à droite, il vole à gauche, sautille de branche en branche d'un air indifférent et distrait, comme occupé d'autre chose et regardant ailleurs. Puis, prenant tout à coup sa résolution, après un coup d'œil furtif jeté aux alentours, il fond comme l'éclair sur le nid où l'attend la femelle, sa petite tête à demi-renversée, la gorge tendue, le bec entr'ouvert. Un rameau tordu surplombe le nid, et c'est sur ce rameau que s'ébat le roitelet, l'amant, le mari, le protecteur qui pourvoit aux besoins de la jeune mère, et dont chaque baiser est une bouchée. Ce ver appétissant, cette larve moelleuse, il a le courage de ne pas la garder, et c'est un mérite pour un petit gourmand de vif appétit; mais l'amour inspire le sacrifice.

Quel charmant ménage, quelle union, quel accord, quelle passion de part et d'autre! Comme ils se suffisent et se font un univers de quelques centimètres de circonférence, et combien de ménages humains devraient prendre modèle sur ces oiselets! Le petit monsieur emplumé ne passe pas les nuits au club, et pour s'absenter toute la journée, il ne prétexte pas la fameuse affaire Chaumontel, si plaisamment inventée par Balzac dans ses *Petites misères de la vie conjugale.*

Mais sous la lente chaleur de l'incubation, les petits sont éclos enfin. Tout autour du nid, rangés en cercle, s'ouvre une série de becs bordés de jaune, et parmi ceux-là un plus large et plus béant que les autres. C'est celui du jeune coucou, de l'enfant abandonné par de mauvais parents. Chose étrange! c'est l'intrus, le délaissé, le *Champi,* comme dirait George Sand, que le roitelet et sa femme aiment le mieux. Ils ne semblent pas s'apercevoir qu'il est d'une autre espèce que la leur ; ce fort nourrisson, à l'insatiable appétit, les met en extase : comme il est gros, comme il est dodu, comme il est déjà grand et robuste pour son âge! Quelle différence entre lui et ces autres petits hâves, maigrichons, mal venus! Ils l'admirent et sont flattés, eux si mignons, d'avoir produit cet énorme enfant. S'ils connaissaient ces exhibitions américaines de bébés, où le bébé le plus pesant est primé, ils y enverraient leur coucou, qu'ils prennent pour un roitelet exceptionnel. C'est lui qui est toujours le premier servi et qui gobe les plus fins morceaux. Aux autres, après lui, s'il en reste. Avec une activité extraordinaire, le mâle et la femelle, tour à tour, vont à la picorée, et le grand bec engouffre tout. Les délicates créatures s'épuisent à rassasier leur cher Gargantua. Tant bien que mal, la couvée s'élève. Le duvet est remplacé par les plumes, les ailes se garnissent, les queues s'étalent déjà hors du nid trop plein. Le moment de la séparation approche; la famille va se disperser. Se trouvant à l'étroit et n'ayant plus besoin de personne, l'enfant adultérin, qui a dévoré la substance des petits légitimes, s'envole sans dire merci, parfait symbole d'ingratitude, et prouve ainsi qu'il possède l'indépendance du cœur, selon la maxime de Nestor Roqueplan.

Quelques naturalistes, surtout parmi les anciens, au temps où la science se contentait d'hypothèses et de légendes qu'elle ne se donnait pas la peine de vérifier, ont prétendu que le jeune coucou mangeait ses parents adoptifs; c'est une calomnie. Mais il ne faut pas lui savoir gré de cette sobriété, et la lui imputer à vertu. Le coucou n'est pas un rapace, quoiqu'il en ait quelques caractères extérieurs; il ne se nourrit que de chenilles, d'insectes, de larves : autrement, croyez-le bien, il ne se gênerait en aucune façon et croquerait, depuis le père jusqu'au dernier petit, l'aimable famille de roitelets qui l'a si gracieusement hébergé.

Perché sur le bord du nid, l'oiseau mignon, avec regret et mélancolie, voit s'envoler à travers l'épaisseur du bois le gros compère qui, plus tard, s'il le rencontre, fera semblant de ne pas le reconnaître. Heureusement, les chagrins d'oiseaux ne sont pas bien longs, et le roitelet se consolera dans la compagnie de ses chères mésanges, chez qui il trouve toujours bon accueil.

Dans la forêt, tout le monde entre en ménage : linots, fauvettes, mésanges, bergeronettes, pinsons, jusqu'aux oiseaux méchants, que le meurtre semble devoir occuper plus que l'amour ; les rapaces nocturnes s'attendrissent et font rouler comiquement leurs yeux ronds à l'iris de paillon jaune ou orangé. Ils se donnent des grâces comme des Sganarelles amoureux ; ils sont trouvés charmants par leurs belles, aux oreilles de chat, et ils admirent leur progéniture. « Dieux ! que les hibous sont jolis ! » entendrait-on murmurer dans le creux des vieux arbres, pour peu qu'on eût l'oreille fine, par un père et une mère ravis de leur œuvre.

Sous l'influence de la douce atmosphère, les nymphes se débarrassent de leurs larves, et après la longue incubation de l'ombre, s'élancent gaiement vers la lumière, enfants posthumes qui n'ont pas connu leurs parents et qui ne connaîtront jamais leur postérité. Des légions d'insectes munis d'ailes, parés de brillantes couleurs, eux qui naguère rampaient sous des livrées obscures, voltigent et bourdonnent çà et là, enivrés de la liberté récente, et jouissant avec délices de la vie légère, ailée, capricieuse. Après un sommeil de trois ans, le hanneton, sûr de trouver son pain sur l'orme, commence, se sentant riche comme la boulangère, à compter ses écus au soleil, en ouvrant et refermant, en manière d'éventail, les lamelles de ses antennes ; puis, écartant comme les basques de l'habit marron, porté par Lablache dans *Don Pasquale*, ses dures élytres couleur de bronze florentin, il déplie la gaze chiffonnée de ses ailes et s'envole avec une pesanteur étourdie, se cognant à tout, comme s'il ne voyait rien de ses gros yeux myopes.

Il n'est pas besoin d'aller au bois pour voir des couples amoureux. Regardez ce vieux toit de colombier, ou plutôt de pigeonnier, si le mot vous paraît trop féodal et sentant son castel à machicoulis et à tourelles en poivrières. Il est bien délabré, bien effondré ; quelques restes de chaume, plaqués de mousses et où passent les violiers, les joubarbes, les iris de murailles, pendent sur les poutrelles mises à nu comme les lambeaux d'un vieux tapis turc effiloché, passé, éteint, mais qui a encore de belles taches de couleur. Les lierres, les ronces, les saxifrages et toutes ces plantes pariétaires qui ont besoin de l'humidité et du salpêtre, ont escaladé, à l'envi, le pigeonnier en ruine, plongeant leurs griffes dans les fissures des pierres disjointes, profitant d'une rugosité du plâtre pour monter à l'assaut comme d'habiles gymnastes. Et c'est un fouillis adorable et charmant, un mélange de décombres et de plantes, une antithèse de solives qui s'affaissent et de fleurs qui jaillissent; car jamais la nature n'est plus vivace que sur la destruction; elle fait le désespoir des propriétaires et le ravissement des peintres. Ah! comme à ce *vilain* pigeonnier croulant, le paysan ou le bourgeois, également dénués du sens pittoresque, préférerait un colombier tout battant neuf, avec sa tourelle correctement ronde comme un cylindre, blanchie d'hier à la chaux, son toit de tuiles d'un rouge vif et sa petite porte-fenêtre peinte en vert dragon!

Mais les pigeons ne sont pas si bêtes! Ils s'ébattent par nuées blanches ou chatoyantes sur ce toit où le soleil du matin fait, dans les gouttes de rosée égrenées parmi les mousses et les feuilles de vigne vierge, scintiller mille diamants de la plus belle eau. Ils trouvent mieux leurs aises dans cet aimable désordre naturel, que dans la dure symétrie humaine. Ces velours de lichen sont moelleux; cette latte en travers, qui a laissé tomber son crépi, offre aux pattes roses un commode perchoir. Où pourrait-on placer, plus confortablement, un nid qu'au fond de cette alcôve formée par un effondrement du toit, et protégée par deux vieux chevrons qui se croisent!

Aussi ce chaume en pente sur ce mur croulant, au fond de ce jardin en friche abandonné aux végétations folles, est-il une Cythère pour les oiseaux jadis chers à Vénus, et qu'elle doit aimer encore, si, comme Henri Heine le prétend, les dieux de la mythologie subsistent toujours, cachés sous d'humbles déguisements; et il doit le savoir, lui que nous avons plus d'une fois soupçonné d'être l'Apollon antique ayant appris l'allemand à l'université d'Iéna. L'Aphrodite d'or, pour nous servir de la belle épithète homérique si souvent appliquée à Vénus, rencontrerait là, pour renouveler l'attelage de son char, des couples superbes, des races magnifiques, inconnues peut-être à l'antiquité. Il y a par ce toit des pigeons de bien des espèces : le pigeon capucin, le pigeon pattu, qui a l'air d'un raffiné du temps de Louis XIII, avec ses bottes à chaudron remplies de dentelles; le pigeon comme un moine, celui qui se rengorge dans sa cravate ainsi qu'un merveilleux du Directoire; le pigeon‑paon, fier de sa beauté, paradant avec fatuité devant les belles, et manœuvrant sa queue en éventail; quoiqu'elle ne soit pas ocellée comme celle de l'oiseau de Junon, la lumière s'y joue en éclairs irisés, capables d'éblouir une amante.

Et tout le jour et toute la nuit, sur le vieux toit du colombier où palpite l'amour heureux, c'est pourtant une éternelle plainte et comme le soupir d'un cœur étouffé qui se pâme.

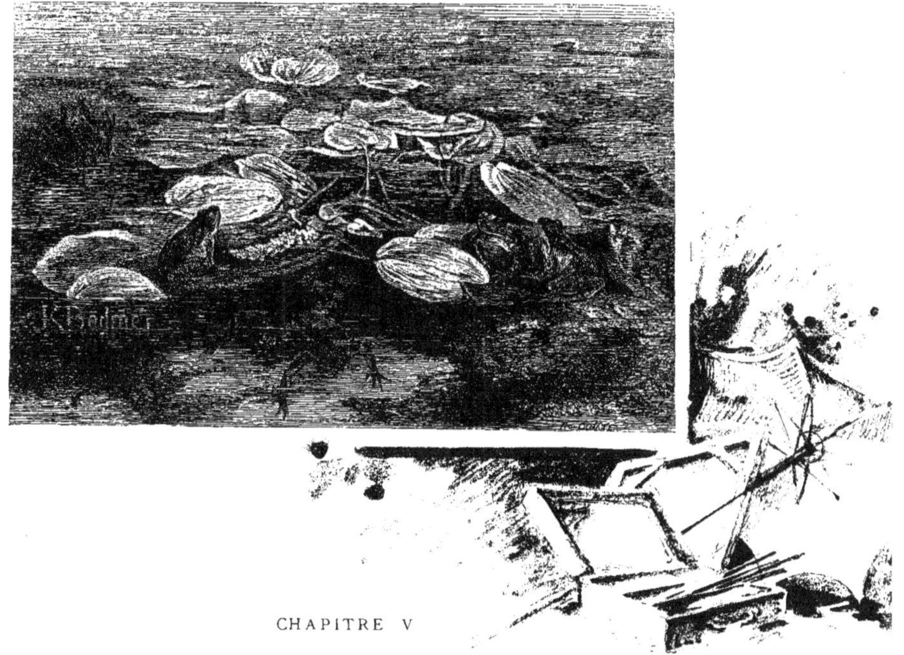

CHAPITRE V

ELLE RÊVE AU BORD DE L'ÉTANG

Si vous êtes paysagiste et que vous erriez dans une campagne peu fertile en motifs pittoresques, quand vous entendrez au loin les grenouilles chanter en chœur les vers onomatopiques d'Aristophane : *Brekekekex, coax, coax,* marchez de ce côté, et bientôt, débouclant la bretelle de votre boîte à couleurs, vous piquerez en terre le bout ferré de votre parasol.

En effet, guidé par ce coassement, semblable au bruit d'un verre qu'on rince, vous arriverez bientôt à quelque jolie mare étalant sa nappe dormante sous une ligne d'oseraies, près de quelque vieux saule curieusement difforme et rappelant, avec sa tête à demi-ébranlée, la perruque hérissée d'un Sylvain; l'endroit sera charmant, plein de fraîcheur et abondant en détails gracieux. La grenouille annonce l'eau, qui est la vie du paysage, l'élément fluide et mobile où la lumième tremble et se reflète comme dans un miroir vagabond. La présence de l'eau fait naître l'herbe et la verdure, et il n'en faut pas davantage pour faire un tableau. Ces petits coins prêtent plus que les ambitieux points de vue, les grands horizons et les vastes panoramas alpestres.

Les grenouilles ont cet honneur d'avoir occupé de bien grands poètes : Homère, Aristophane, La Fontaine. Le premier a chanté leurs luttes avec les rats dans une épopée burlesque; le second en a fait les choristes d'une de ses plus mordantes comédies; le troisième leur a confié les rôles principaux de plusieurs de ses fables. Elles figurent aussi dans une vieille chanson de campagne que nous ne prétendons pas comparer à la poésie de ces divins maîtres, et qui a cependant un certain sentiment d'harmonie imitative dont l'oreille se berce. Nous l'avons entendu chanter autrefois dans un petit village perdu, où nous allions passer nos vacances, par une parque rustique qui filait sur le pas de sa porte, et l'air, dont voici les paroles, s'accommodait assez bien avec la basse continue du rouet, rhythmée par le clapement de pied de la fileuse.

Pleut, pleut, mouille, mouille,
C'est le temps de la grenouille.
La grenouille a fait son nid
Dans l'étable à nos brebis;
Nos brebis en sont malades,
Nos moutons en sont guéris.

Nous ne savons pourquoi ces vers, ou plutôt ces lignes terminées par des assonances plus ou moins vagues, nous charment dans le sens magique du mot, et produisent sur nous une espèce d'incantation. Ils tintent à notre oreille comme les gouttes de pluie fouettant la vitre, ou glissant de feuille en feuille, ou courant en fumée sur la pente des toits ; ils font le bruit monotone et clapotant de l'eau tombant dans l'eau, et vous donnent une sensation de fraîcheur humide, dont le thème dominant est l'idée de grenouille. C'est en même temps un pronostic et une observation d'hygiène rustique, comme en font les bergers, toujours occupés d'astrologie et de médecine, et au fond un peu sorciers. Et si l'on a l'imprudence de se laisser prendre une fois au bourdonnement fatidique de cette pluvieuse cantilène, on ne peut plus s'y soustraire, et vous voilà murmurant d'une lèvre machinale : « Pleut, pleut, mouille, mouille, » du matin jusqu'au soir, au grand dérangement de vos contemporains, à moins pourtant qu'ils ne subissent l'influence, et ne se joignent à vous comme un chœur. Alors « la scie a toutes ses dents », comme on dit en langage d'atelier.

Les critiques forts en histoire naturelle, comme en toutes choses, objecteront peut-être que la grenouille ne fait pas de nid et n'habite guère les étables. Cependant nous pouvons certifier, d'après le témoignage de Rouvière, ce prêtre de Shakespeare, ce grand artiste mort à la peine, qu'il se rencontre parfois des batraciens dans les granges. Rouvière, pour essayer l'effet de la poésie sur l'âme neuve des paysans, jouait *Hamlet*, avec une troupe de rencontre, sous une espèce de hangar qu'on avait, tant bien que mal, disposé en théâtre. C'était presque aussi primitif que le *Chariot de Thespis*. A la scène du spectre, lorsque le prince de Danemark frappe du pied le sol en disant : « Paix là, vieille taupe ! » un formidable coassement répondit, en lui désobéissant, à l'injonction d'Hamlet. Quelques grenouilles, qui dormaient là dans une flaque d'eau sous les planches, s'éveillèrent en sursaut au coup de talon de l'acteur, et, se souvenant d'avoir chanté pour Aristophane, ne dédaignèrent pas de donner la réplique à Shakespeare.

Au grand monologue où le prince Hamlet se pose les insolubles questions qui tourmentent la pensée humaine sur l'être et le non-être, sur la vie et la mort, sur le rêve possible de la tombe, les grenouilles prirent encore la parole et semblèrent donner la réponse de la nature. Un pareil accident a pu arriver au grand poète anglais, lorsque, peu connu encore, il remplissait le rôle du spectre dans le premier Hamlet, qu'il corrigea depuis d'une main si magistrale.

Revenons, non pas à nos moutons, mais à nos grenouilles. Les voilà sur le

bord de leur mare, prêtes à faire le plongeon, au moindre bruit, par une tête
piquée, dont les caleçons rouges du bain Deligny envieraient la correction. La
grenouille semble chargée par la nature de donner des leçons de natation à
l'homme, dont elle rappelle vaguement la structure. Elles ont les pattes de
devant repliées sous la poitrine, celles de derrière ramassées le long de leur
corps ; leur échine fait une protubérance comme si elles avaient les reins cassés,
et leurs beaux yeux, aux cercles d'or, saillent sur leur tête comme les cabochons
sur un bijou oriental ou byzantin. Leur dos se nuance d'une couleur de bronze
verdâtre qui se fond sous le ventre en blancheur argentée. Des doigts délicats,
que relient de fines membranes, terminent leurs membres comme de petites
mains et en font un animal agile, propre, plutôt joli que laid, qui a sa caricature
dégoûtante et monstrueuse dans le crapaud.

Comme elles ont l'air de se trouver bien au bord de ce bassin bordé de
myosotis, encombré de salicaires, de rubans d'eau, de nénuphars qui les
soutiennent sur leurs larges disques comme des radeaux ! Les mâles, gonflant
les poches de leur gorge, coassent avec animation, comme si le son de leur
propre voix les excitait ; les femelles ne font entendre qu'un faible murmure
approbatif, car elles n'ont pas de voix. Elles happent les mouches et les
cousins qui volètent étourdiment çà et là, avalent quelques bestioles nageant
à leur portée, et, sautant sur une branche morte tombée en travers de la mare,
ne reprochent pas à Jupiter, comme les grenouilles de la fable, de leur avoir
donné pour roi un soliveau. Aucune n'a la sottise de demander, à la place du
monarque inoffensif, le héron qui les goberait. Malgré tout l'esprit des fabulistes,
les animaux sont encore plus sages dans la nature que dans l'apologue. Pilpay,
Ésope, Phèdre et La Fontaine leur ont trop souvent prêté les ridicules, les
vices et les folies des hommes.

Bien qu'elle soit d'un naturel pacifique, la grenouille a ses ennemis. Les
échassiers, de leur long bec, la piquent à défaut de poisson ; les serpents
l'attaquent, et, distendant leurs mâchoires, finissent par l'engloutir. L'homme la
pêche, et, lui coupant les cuisses à la hauteur des reins, en fait un bouillon qui
ressemble au bouillon de poulet, ou bien encore l'accommode en friture. Il n'y
a pas longtemps qu'on appelait, en Angleterre, les Français « mangeurs de
grenouilles, » et qu'on croyait que ce batracien formait la base de leur
nourriture.

Rien de plus triste que de voir ces troncs, vivant encore, séparés de leurs extrémités inférieures, sauter péniblement le long de la mare comme des culs-de-jatte, en s'appuyant sur leurs pattes de devant. Mais qui est-ce qui a pitié d'une grenouille? Victor Hugo peut-être, qui, dans son effusion panthéiste, a consacré aux tortures d'un crapaud une si magnifique poésie.

Quelquefois, cependant, un sort plus doux attend la grenouille captive; pour peu qu'elle soit alerte et mignonne, que sa robe verte ait de belles rayures d'or et que le blanc de son ventre soit pur, on lui donne pour prison un bocal de verre bien transparent, rempli d'une eau limpide, où plonge une échelle de grosse paille ou de légères bûchettes. Et voilà la pauvre grenouille transformée en baromètre vivant. Sensible aux variations hygrométriques, elle prédit la pluie et le beau temps en descendant ou en remontant les échelons. Trop heureuse si quelque jour un médecin, un physiologiste, n'a l'idée de la retirer de là et de lui étendre la patte sur l'objectif d'un microscope, pour démontrer, par transparence, la circulation des globules du sang, ou, ce qui serait pire, de lui découvrir un nerf avec le scapel et de le mettre en contact avec la pile de Volta.

La promesse du chœur aquatique n'a pas été menteuse. L'eau abonde, se répand dans les dépressions du sol, eau tombée du ciel ou extravasée par de petites sources qui ne trouvent pas leur cours. Elle baigne le pied des arbres, amis de l'humidité, et dont les racines plongent volontiers dans la vase. Il y a là de vieux chênes qui étendent leurs branches transversales comme des bras qui prêteraient serment, des bouleaux frêles et inquiets, au feuillage glauque et blanc, dont l'écorce de satin se déchire et s'effiloche, et qui enlèvent en clair leur silhouette pâle de ce fond de sombre verdure; des frênes, des hêtres, et tout un enchevêtrement de vivaces frondaisons formant une noire caverne de verdure impénétrable à la lumière et à la chaleur.

Sur le devant, là où les arbres éclaircis laissent l'eau miroiter plus librement, le soleil frappe d'un rayon oblique des masses confuses de joncs, de roseaux, de fers de lance, de glaïeuls, de prêles, de plantains d'eau dont il harmonise avec un glacis d'or les verts pâles. Des conferves, des nymphéas, s'étalent aux places stagnantes entre les touffes d'herbes aquatiques dont un souffle agite les mobiles aigrettes, et parmi cette épaisse forêt de plantes circule un monde d'insectes, d'araignées d'eau, de ditisques, de tritons et de salamandres qui se plaisent beaucoup plus au fond des mares qu'au milieu des flammes, comme on le croyait autrefois.

De l'arcade profonde décrite par le feuillage, un grand oiseau s'envole. C'est un héron qui est venu chercher dans cette solitude marécageuse une retraite paisible et sûre. Le héron est de nature mélancolique; les endroits déserts, d'accès difficile, où l'homme passe rarement, lui conviennent. Il reste là, au bord de l'eau, pendant des journées entières, en équilibre sur une de ses longues pattes, le bec reposant sur son jabot, dans une immobilité si parfaite qu'il ne remuerait pas davantage empaillé derrière la vitrine d'Evans, au quai Voltaire. A travers son rêve indéfini, l'œil demi-clos, il guette le passage de quelque poisson avec une patience de pêcheur à la ligne sur un quai de la Seine.

Son costume est sérieux, comme il convient à un philosophe : habit noir à longues basques, un peu de blanc à la poitrine simulant le linge, et derrière la tête une fine aigrette de plumes couchées qui, jadis, fixait au turban des califes quelque escarboucle de Gimschid, ou quelque diamant de Visapour.

Autrefois, le héron jouissait, dans le monde cynégétique, d'une haute estime. C'était un oiseau de grand vol, dont les princes et les puissants barons féodaux se réservaient la chasse, sous les peines les plus sévères. Alors, sur la lisière d'immenses forêts fourmillantes de gibier, s'étendaient de vastes marécages, des étangs poissonneux bordés d'une ceinture de joncs, et que personne n'eût osé dessécher pour assainir le pays et les mettre en culture. Des brumes matinales montaient de l'eau stagnante et plombée, et de loin, comme à travers une gaze argentée, on apercevait l'oiseau solitaire, semblable à une boule fichée dans une broche, en méditation sur la rive.

Le pont-levis du manoir féodal, flanqué d'échauguettes, de machicoulis et de tourelles en poivrières, s'abaissait, et de l'ogive pratiquée dans la maîtresse tour débouchait un brillant cortége. Le châtelain en surcot mi-parti et la châtelaine inondant de sa jupe armoriée la croupe de son palefroi, sortaient, portant sur le poing leurs faucons encapuchonnés, suivis de leurs pages, d'écuyers et de valets de chiens.

Arrivée dans la plaine, la cavalcade contournait l'étang ou suivait la chaussée destinée à contenir les eaux. A ce bruit insolite qui venait troubler le silence et la solitude de sa retraite, le héron inquiet redressait son long col pour examiner l'ennemi, lointain encore, faisait claquer son bec, posait à terre la patte qu'il tenait repliée sous son ventre, et brassait l'air sous ses ailes comme pour se préparer au vol.

Décidément c'est à lui qu'on en veut ; il l'a compris et prend l'essor. Il faut essayer de la fuite avant de risquer le combat. Son vol est lent d'abord. — Le héron n'est pas rapide, mais possède une grande force ascensionnelle. — Peu à peu il s'élève et parvient à une assez grande hauteur. Sa découpure noire a déjà beaucoup décru sur le gris brumeux du ciel. Ses pattes tendues en arrière et son long bec pointu en avant se distinguent à peine.

On a décapuchonné les faucons. Éblouis un instant du grand jour, ils promènent autour d'eux le rigide regard de leurs prunelles d'or, comme pour se reconnaître. Puis, hérissant leurs plumes, secouant leurs ailes, obéissant à l'impulsion du poing qui les envoie en l'air, ils s'élancent brusquement et partent à la poursuite de la proie qu'il s'agit de *lier*, comme on dit en termes de fauconnerie.

Ils montent, ils montent pour dominer le héron et se laisser tomber dessus, à pic, du haut de l'air ; mais l'oiseau poursuivi a deviné cette tactique. Il rabat son vol, replie son col et présente son bec aigu comme une épée à la descente impétueuse du faucon, qui, parfois, s'enferre et se tue lui-même comme un duelliste trop fougueux.

Mais un autre faucon reprend la place, et il faut bien que la victime succombe.

C'était là, du moins, une mort noble, élégante et seigneuriale, avec quelques chances de salut. Maintenant que la chasse au vol n'est plus pratiquée que par quelques tribus de l'Algérie, qui ont conservé les traditions de la fauconnerie du moyen âge, on n'y met pas tant de façons. Le héron, ce gibier royal, se tire au fusil, comme le canard, ou se prend au lacet. Décadence que prévoyait Louis XIII, ce grand amateur de la fauconnerie, et qui rendait sa mélancolie plus noire encore.

Les marais sont desséchés, les solitudes se peuplent, l'animal se retire devant l'homme, et bientôt le héron aura disparu comme l'aurochs, comme l'outarde, comme le castor, comme le lodo d'Australie, comme la baleine, déjà obligée de se réfugier sous la calotte des glaces du pôle. Il y a encore

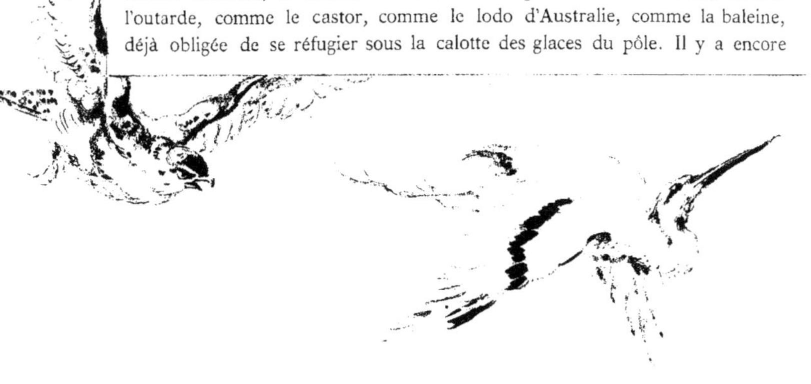

quelques héronnières en Hollande, où l'espèce se conserve facticement et presque comme une curiosité.

La grue n'est pas aussi rare; ses voyages la protégent. Elle vient du nord de l'Europe, passe l'automne dans nos climats, et va prendre ses quartiers d'hiver en Afrique et dans l'Asie méridionale, où la vie des bêtes est respectée et où on ne connaît pas cette aveugle fureur de chasse qui tend à dépeupler le globe. La grue, d'ailleurs, n'est pas un oiseau solitaire et morose comme le héron. Elle aime à vivre avec son espèce, et quoique vous la voyiez en ce moment plantée toute seule sur ses longues échasses, au milieu de touffes de roseaux, guettant le passage de quelque proie, elle saura bien, le jour venu, aller rejoindre la grande troupe en partance pour le Caire ou la seconde cataracte, et se mettre à son rang dans la file.

CHAPITRE VI

ON CUEILLE FRAISES ET VIOLETTES

Aller cueillir la violette au
bois est un joli motif de promenade ; rien de plus charmant
que de voir une belle fille de
dix-sept ans, même quand ce
serait une de celles que célé-
brait Mürger, et qui, la veille,
dansait à la Closerie des Lilas,
courir joyeusement à travers
les arbres, traînant après sa

robe blanche rayée de rose quelque brindille accrochée, heureuse, gaie, insouciante, ayant retrouvé, au sein de la Nature, son innocence et ses frais instincts d'autrefois. Combien d'ardeur elle met à sa cueillette, et quel prix elle attache à ce bouquet qu'elle pique à son corsage, et qui vaudrait bien un sou sur le pont des Arts! Jamais botte de camélias blancs entourés de violettes de Parme ne lui fera pareil plaisir, sur le rebord de velours d'une avant-scène, à une première représentation d'un petit théâtre.

Mais c'est aussi une grande joie de chercher, sous les feuilles, au revers des pentes gazonnées, le long des étroits chemins, dans les clairières où tombe un rayon de soleil, la fraise rougissante qui est comme la pudeur des bois.

Quelles délicates nuances de carmin sur ces petits cônes ponctués de légères mouchetures, qui sont les graines! Ceux-ci commencent à se colorer de pourpre d'un côté; ceux-là sont déjà tout rouges; d'autres restent d'un blanc verdâtre, où un faible rose se mêle à peine. A les voir briller çà et là dans l'herbe, on dirait un collier de corail dont le fil s'est brisé et dont les grains éparpillés sont roulés à terre. Il s'agit de réunir ces grains disséminés dans la forêt et de les rassembler au fond d'un mignon panier ou d'un chapeau de paille garni de feuilles.

De grand matin, lorsque la rosée couvre encore de son réseau les herbes, les fleurs et les feuilles, les enfants du village, garçons et filles, partent pour le bois et vont à la cueillette des fraises. Ils se dispersent dans toutes les directions. Il en est qui, observateurs précoces, connaissent les bons endroits, les expositions favorables, et font une récolte plus abondante que les autres. Comme ils ne s'élèvent pas, vu leur âge, beaucoup au-dessus de terre, et qu'ils ont la vue perçante du sauvage, ces petits *travailleurs,* pour nous servir d'une expression à la mode, ne laissent pas échapper une seule fraise. Un cri de joie annonce chaque découverte; on court, on se précipite, on s'agenouille. Les mains hâlées écartent le feuillage, et le fruit vermeil est délicatement détaché.

L'enfance est gourmande pour le moins autant que cruelle; plus gourmande même que cruelle, quoique La Fontaine ait dit : « Cet âge est sans pitié, » et il faudrait vraiment une grande force d'âme à ces enfants, petits

Tantales de village, pour ne pas porter leur trouvaille à leur bouche et la déposer avec un regard de regret dans la corbeille déjà à moitié pleine ! C'est un stoïcisme digne de Marc-Aurèle. Il n'est pas dit cependant qu'on résiste toujours à la tentation, et parfois la bouche rose gobe la fraise rouge. Mais le cas est rare. Les fraises des bois ont un goût si fin, un parfum si pénétrant, une couleur si fraîche, qu'elles se vendent cher à la ville. Qu'elles sont excellentes, ces petites sauvages qui courent les bois, traçant toujours devant elles, se repiquant toutes seules, égrenant leur trésor vermeil dans tous les coins, et le livrant de bon cœur à l'oiseau, à l'insecte, au pauvre, à l'enfant, au braconnier, au petit Chaperon rouge égaré, au poète songeur, aux amants dont les doigts se rencontrent sous l'herbe, à Jacques le Mélancolique, qui philosophe si bien sur la mort des cerfs, et à tous les rôdeurs sylvestres ! Leur saveur franche, avec son bouquet de nature, est bien préférable à celle de ces grosses fraises venues par artifice, qui ne renferment, dans leur enveloppe pourprée, qu'une espèce de neige insipide et spongieuse, graisse malsaine de l'esclavage, embonpoint morbide de la captivité, dont sont exemptes les petites fraises, agiles coureuses de bois que la liberté dégage de toute lourdeur indigeste et rend saines comme elle.

Ce sont ces fraises ananas, poussées sur couche, qui figurent comme primeur à la table des riches, groupées trois ou quatre dans de petits pots de terre cuite, semblables à ceux où l'on met les plantes naines des serres de salons. Certes, il y a un certain plaisir, dans les civilisations dépravées, à contrarier la Nature, à braver l'ordre des saisons, et à manger les fruits du printemps quand la neige couvre encore les toits. Mais quel chauffage au charbon de terre, à la houille, à la vapeur d'eau peut valoir la tiède et lente chaleur du soleil, tamisée par les éclaircies de la forêt ? C'est pourquoi il vaut mieux attendre que la fraise, au milieu de ses feuilles dentelées d'un vert sombre, ait découpé les cinq pétales blancs de sa fleur mignonne, qui, bientôt, se replient et laissent pointer le fruit rougissant au pur arôme, à la saveur exquise, élixir des sucs terrestres, goutte parfumée du pur sang de Cybèle. En cela, les pauvres diables sont mieux servis que les millionnaires, qui, d'ailleurs, ne dédaignent pas de leur emprunter ce dessert recueilli dans les bois, et qui fait si bonne figure dans une jatte de vieux Sèvres, de Saxe ou du Japon, sous une neige de sucre que fond une mousse de vin de Champagne. Mais combien meilleure elle est encore, la fraise des bois, toute fraîche arrachée de sa tige et croquée sur place, quand vit encore en elle l'âme de la forêt !

Un savant, que nous consultons, nous étonne en nous disant que la fraise (*fragaria vesca*) rentre, ainsi que la framboise, dans la Polypétalie-pérista-minie–polygynie de Linné. Nous n'en doutons pas ; mais cette nomenclature nous semble passablement horrifique. Il nous assure, en outre, qu'elles font partie de la famille des pommes, des poires et des prunes, ce qui nous surprend davantage. L'air de parenté n'est pas bien sensible. L'une et l'autre, framboise et fraise, contiennent de l'acide citrique et malique en proportions un peu différentes, qui en modifient la saveur. Mais les belles filles age-nouillées dans l'herbe, au risque de verdir leur robe, cherchent la fraise sans s'inquiéter de ces détails techniques. Elle a du goût, elle sent bon, elle est rose comme les lèvres de la jeunesse et se donne pour rien. Que faut-il de plus ?

Encore celle-ci, et puis celle-là. Peu à peu on perd les sentiers frayés par les bûcherons et les chasseurs, on s'enfonce au cœur même de la forêt. Oh ! comme on se sent libre dans cette solitude ! Aucun bruit humain n'y arrive ; pas même le son d'une cloche pour vous rappeler qu'il y a là-bas des villages. Aucune des gênes de la civilisation ne pèse plus sur vous. Les lois n'existent plus ; vous aspirez à pleins poumons un air qui n'a passé encore par nulle autre poitrine. La saine odeur du feuillage vous arrive et vous inspire de folles idées d'indépendance. On voudrait, imitant les Outlaws, vivre à sa fantaisie « sous les vertes branches, » comme dit la vieille ballade anglaise. Il semble qu'il n'y ait pas de plus belle existence que celle de Robin Hood et de ses compagnons Clym de Pierre et William de Cloudeslie. On souperait volontiers d'une tranche de venaison prélevée sur un daim du roi, et l'on se voit, comme dans un roman de Walter Scott, un pourpoint en drap vert de Lincoln sur le dos, un grand arc de frêne à la main, courant les taillis, et le soir allant frapper à la porte du joyeux ermite qui héberge Richard Cœur-de-Lion dans *Ivanhoë*.

Qu'elle est épaisse et touffue, cette haute futaie qui monte vigoureusement vers le ciel, abritant de jeunes semis de frênes et de hêtres ! De loin en loin,

J. Bodmer

le feuillage est troué de quelques losanges d'azur et de quelques points lumineux qui étincellent comme des diamants. La séve forte et généreuse de la terre circule dans les fibres du bois et s'épanouit en frondaisons vivaces qui boivent la pluie, aspirent la lumière et se gorgent d'air salubre. Quelle force de vie dans ces grands arbres dont les têtes se balancent, dont le feuillage bruit, et qui, émus par la plus légère brise, semblent, avec de mystérieux chuchotements, se conter à l'oreille les secrets de la Nature!

Quelles peuvent être les idées des végétaux?

C'est une question que se pose le songeur dans ses promenades au sein des bois.

Sous leur apparence immobile, les arbres et les plantes sont doués d'une existence qui ressemble à celle des êtres animés. Ils naissent, ils croissent, ils respirent, ils ont leur sexe et leurs amours. Ils se multiplient, ils sont malades, ils vieillissent, ils meurent.

Vous le voyez, ils parcourent tout le cycle de la vie. Pourquoi n'auraient-ils pas une sorte de pensée vague, indistincte, obscure, nous le voulons bien, mais suffisante à occuper leurs longs loisirs? A cent ans, un chêne est tout jeune; sa vie se prolonge pendant des siècles. Il est des patriarches de la forêt qui ont vu passer sous leurs rameaux François Ier ou Maximilien, empereur d'Allemagne, les grands chasseurs, les Nemrods de la royauté. Les années glissent comme des gouttes d'eau sur leurs feuilles robustes, et le Temps, rongeur des choses, *Tempus edax rerum*, ne semble pas compter avec eux.

On montre encore aujourd'hui, à Buyukderé, sur la rive d'Europe, le platane qui abritait Godefroy de Bouillon regardant son armée franchir le Bosphore, pour aller en Asie à la conquête du saint Sépulcre. Une vie si prodigieusement longue sans pensée, cela n'est guère croyable. Les arbres n'ont-ils aucune rêverie? Ne retiennent-ils rien de ce que leur disent les souffles chauds de l'été, les froides rafales de l'hiver, les oiseaux qui nichent sur leurs branches, les hommes qui s'arrêtent sous leur ombre? N'entendent-ils pas ce que la nuit confie au silence; ce que balbutie la solitude ennuyée; ne saisissent-ils pas le murmure indéfini du grand Tout? N'ont-ils nul sentiment de ce qui les entoure? Ne comprennent-ils pas la foudre qui les frappe, la hache qui ouvre dans leurs troncs des

entailles vermeilles comme des blessures? Il est difficile de les supposer
insensibles à ce point; l'antiquité, plus près de là Nature que nous autres
modernes, malgré toute notre science, attribuait aux arbres une vie mystérieuse; elle leur accordait la pensée et la voix, et recueillait religieusement
les oracles des chênes de Dodone! La proue du navire *Argo*, faite de ce
bois, parlait. Sous la rude écorce, la mythologie cachait de blanches divinités.
L'arbre participait à la vie universelle.

Quand on erre à travers une forêt, on sent ce que les anciens appelaient
« l'horreur sacrée des bois, » on comprend qu'un mystère vous enveloppe,
et dans l'ombre indécise flottent des formes dont on n'ose pas fixer le
contour.

Il semble qu'on est importun, qu'on dérange la solitude, et qu'à votre
approche quelqu'un s'est brusquement retiré. Les arbres, les plantes et les
fleurs ont l'air de changer de conversation, comme on fait dans un salon
lorsqu'entre un fâcheux interrompant un entretien intime. Le secret que
l'homme cherche à deviner et que sait la Nature, vous alliez peut-être le
surprendre; mais eussiez-vous le pas aussi léger qu'un Peau-Rouge chaussé
de ses mocassins, votre pied a déplacé un caillou, froissé une herbe, fait
tomber les gouttes de rosée d'une fleur sauvage; tout à coup un petit
oiseau s'envole et va signaler aux vieux chênes l'apparition de l'ennemi,
c'est-à-dire de l'homme. La forêt se tient alors sur la réserve et ne dit plus
que des choses insignifiantes; les fleurs replient leurs corolles, et les
chanteurs se taisent.

Pour un moment, la vie semble s'être arrêtée.

Au bout de quelque temps, quand on a reconnu en vous un rêveur
inoffensif, un poète incapable de ces meurtres inutiles que les chasseurs
commettent sans remords, tout ce monde craintif se rassure. Les arbres
causent avec le vent; les oiseaux sautillent à travers les branches, conti-
nuant leurs caquets; les moucherons reprennent leurs valses dans les bandes
lumineuses où se donnent leurs bals, et la Nature vaque à ses petites
affaires comme si vous n'étiez pas là.

Asseyez-vous comme Tityre, le berger virgilien, sous le couvert d'un
hêtre, et regardez ce charmant fouillis de végétation dont le soleil fait
ressortir les mille détails. Ici le houx découpe sa feuille aux dards piquants;

là, sous le vif rayon, en pleine lumière, la fougère étale ses nervures flexibles, dentelées de petites feuilles ponctuées de stigmates qui, au printemps, sont les fleurs ; on dirait des palmes ; et, en effet, sous les tropiques, les fougères ont le port et la taille du palmier. Elles s'élèvent à plus de douze mètres. Dans le monde primitif, emporté par les cataclysmes dont l'histoire n'a pas gardé souvenir, mais que racontent les couches profondes de la terre lorsqu'on les interroge, les fougères avaient des proportions gigantesques. Chez nous, ce ne sont plus que des arbustes qui fournissent, étant brûlés, beaucoup de soude propre à la fabrication du verre. Aussi trouve-t-on souvent, dans les anciens poètes et chansonniers bachiques français, des expressions analogues à celle-ci :

> Le vin qui rit dans la fougère.

Mais cette figure est tombée en désuétude et ne se comprendrait plus.

Entre les fougères et les houx se pressent les herbes, les graminées, les fleurettes. A leurs pieds, les mousses entassent leur feutre vert ou mordoré.

De toutes ces plantes, chauffées par le soleil, les parfums se dégagent et se répandent dans l'air comme les fumées d'une cassolette. Enivrés de ces senteurs, les insectes volent et bourdonnent avec une activité extraordinaire. La tipule tourne autour des chênes, la cantharide, émeraude enflammée, fait briller son point d'or vert sur l'écorce argentée du frêne ; la fourmi, agitant ses antennes délicates, se fraie un chemin à travers les brins de gazon, la cicindèle, courrier à livrée verte, voltige devant le promeneur, et le cerf-volant, ce rhinocéros des insectes, caparaçonné de sa lourde armure noire, court sur le sable chaud à la recherche de sa proie.

A qui vient de la ville tumultueuse où la rumeur humaine ne s'éteint jamais, le silence semble d'abord profond. Peu à peu l'oreille s'y habitue et discerne mille petits bruits qui lui échappaient et qui sont les voix de la solitude.

La feuille inquiète frissonne toujours et frémit comme une robe de soie ; une eau invisible murmure sur l'herbe ; une branche fatiguée de son

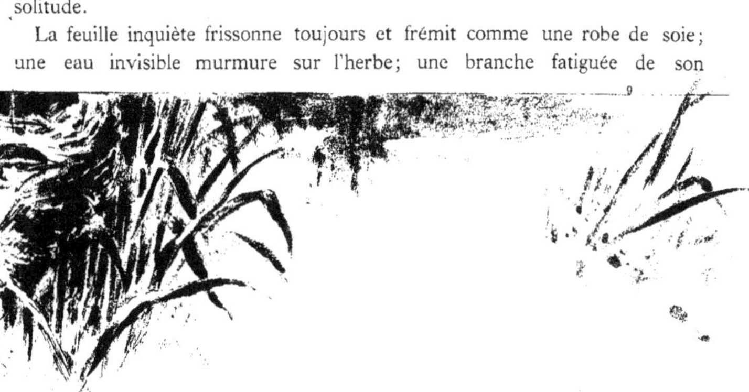

attitude se redresse et s'étire en faisant craquer ses jointures. Un caillou
perdant l'équilibre ou poussé par un insecte, roule sur une pente, avalanche
en miniature, entraînant quelques grains de sable avec lui; une palpitation
subite d'ailes d'insecte ou d'oiseau fouette rapidement l'air ; un gland se
détache, rebondit de feuille en feuille et tombe sur le gazon avec un son
mat; une bête passe froissant l'herbe; un oiseau jargonne, un écureuil glapit
en escaladant un arbre, et le pivert, avec un bruit régulier comme le tic-
tac d'une pendule, ausculte et frappe du bec l'écorce des ormes pour en
faire sortir les scolytes dont il se nourrit.

Le vent passe sur la cîme de la forêt en y creusant des ondulations qui
se déroulent comme des vagues, et produisent de sourds gémissements qu'on
prendrait pour la plainte de l'Océan lointain ; dans toutes ces rumeurs
inarticulées, il semble qu'on entende respirer la Nature. Le sein de la mère
sacrée se soulève et s'abaisse comme une poitrine humaine aspirant, expirant
la vie.

Oh ! qu'il fait bon rester là de longues heures, oubliant tous les ennuis
factices de la civilisation, se laissant pénétrer par l'âme des choses, s'im-
prégnant de la vie universelle, baignant dans le grand Tout, comme un
madrépore dans l'eau de la mer, écartant la pensée importune et se réduisant pour un jour à l'existence végétative, aux rêveries confuses du Sylvain
ou du Faune, comme aux temps où se promenaient, dans la jeune création,
des êtres hybrides, dégagés seulement de la matière jusqu'à mi-corps,
dieux par la tête et le torse, animaux par les pieds, ayant le sang et la
sève, enfants plus directs de la terre que nous ne le sommes, et qu'elle
a retirés, lorsque la race des mortels a prévalu, avec l'aide du Titan
Prométhée.

Dans cette solitude, nous admettrions bien Diane écartant le feuillage et
se montrant tout à coup, l'arc à la main, le carquois sur l'épaule, blanche
et svelte comme le marbre grec, gardant le jour quelque chose de sa
pâleur lunaire ; nous aimerions la voir suivie de sa biche familière au
museau noir lustré. Mais qu'aucune chasse moderne, avec ses fanfares
glapissantes, ses aboiements de chiens, ses piqueurs en livrée, ses habits
rouges à l'anglaise, ses culottes de peau de daim, ses bottes molles et ses
chevaux de demi-sang, ne vienne troubler brutalement ce délicieux silence

et faire fuir, avec des trépidations d'épouvante, cet honnête et gentil chevreuil qui, accompagné de son faon, se repose dans ce fourré où il se croit
bien à l'abri de toute attaque, et laisse, en mordillant quelques brindilles,
passer les heures lourdes du jour.

Hélas! une trompe a retenti au loin. La paix de la forêt va être troublée.
Des gouttelettes rouges ruisselleront sur l'herbe verte. La Nature a beau
dire qu'elle n'est pas chez elle et ne reçoit pas ce jour-là : l'homme mal
élevé et barbare force toutes les consignes.

CHAPITRE VII

EN TOILETTE D'ÉTÉ : ROBE D'AZUR, GERBES DORÉES

Il fait déjà bien chaud. Le Printemps, trouvant les rayons du soleil un peu trop vifs, et craignant de se hâler le teint sous sa couronne de fleurs et de feuillage, se retire en s'éventant de son bouquet, pour faire place à l'Été, un beau garçon à l'air mâle et vigoureux, qui tient une faucille à la main et porte à son flanc une gourde, comme un moissonneur.

Les jours sont devenus longs ; entre le crépuscule et l'aurore, à peine

si la nuit a le temps de déplier et de replier ses voiles constellés de paillettes étincelantes. Le rossignol, ami de l'ombre, se hâte d'exécuter son
dernier Nocturne et récite à la rose, dont il est amoureux, selon la légende
orientale, des ghazels plus beaux que ceux de Sadi et d'Hafir. Éveillés
après un court sommeil, les oiseaux de toute espèce saluent gaiement
l'aurore matinale, qui jette ses roses devant le char du soleil comme une
Heure du Guide au plafond du palais Rospigliosi.

Rapidement, la lumière étend ses ondes dans le ciel dégagé de nuages.
L'œil en suit les vibrations, comme l'oreille suivait les gammes ascendantes
des violons dans le lever de soleil musical de Félicien David. Puis le soleil
éclate avec fracas, car son rayonnement est si vif qu'il semble sonore.
Bientôt la rosée, qui emperlait les fines lanières des herbes et les larges
feuilles veloutées de la bardane, s'évapore et remonte au ciel. Un azur, qui
ferait paraître gris et terreux le plus pur outremer, s'étale au dedans de la
coupole atmosphérique qui nous enveloppe, donnant aux couleurs terrestres
une force et une intensité éblouissantes.

Tous les êtres frileux se réjouissent; la rauque cigale choque, avec une
incroyable ardeur, ses petites cymbales d'argent. Les grillons des champs
font entendre sans repos leur cri-cri strident, et à cette musique enragée les
vapeurs terrestres semblent danser au-dessus des sillons. Le grillon et la
cigale sont des musiciens importuns dans l'orchestre de l'Été; ils sont bien
petits, mais ils font plus de bruit qu'ils ne sont gros, et on leur doit cette
justice qu'ils sont infatigables et ne se font pas prier pour recommencer.
Leur cantilène monotone, frappée à temps égaux, rhythme la chaleur et
empêche la somnolence des midis brûlants.

Le petit peuple frétillant des lézards est aussi au comble de la joie : on
les voit courir allégrement sur les parois des vieux murs ou des rochers
chauffés à blanc par le soleil. Quelle agilité, quelle prestesse, quels brusques
revirements de direction, quels capricieux zig-zags! Ils apparaissent et dispa-
raissent comme l'éclair. Le moindre bruit les fait rentrer entre les joints
des pierres, dans les fissures de la roche, où leurs yeux brillent d'un éclat
métallique. Mais, bientôt rassurés, ils ressortent de leur retraite et recommen-
cent leurs évolutions.

On prétend que « le lézard est ami de l'homme. » Nous ne savons trop sur quoi se base cet axiome d'histoire naturelle populaire. Dès qu'il aperçoit son ami, le lézard, comme tous les autres animaux, se sauve le plus vite qu'il peut, se plonge dans le premier trou qu'il trouve, ou tout au moins met une distance raisonnable entre lui et l'objet de son affection; prudence qu'on ne saurait blâmer. Il est vrai que le lézard, une fois attrapé, s'apprivoise aisément; il se laisse prendre et toucher par son maître ou sa maîtresse, et paraît éprouver un certain plaisir à être caressé. Quel bonheur pour le collégien qui, au fond de sa baraque, entre le dictionnaire et le rudiment, dérobe aux yeux des maîtres d'étude et des pions une de ces jolies bêtes capturées un jour de promenade ! Quelle occupation de lui chercher des mouches et d'arracher, pour sa litière, quelques maigres brins d'herbe aux pavés de la cour de récréation ! C'est une joie, c'est un délire, dans ce morne séjour, bagne universitaire d'où la Nature est soigneusement bannie, de posséder à soi, bien à soi, un être vivant, un compagnon secret, un petit complice, malgré la défense du professeur. Que de distractions, que de visites en tapinois à la baraque! Le latin et le grec en sont négligés. Il y a des contre-sens dans les versions, des barbarismes et des solécismes dans les thèmes, des fautes de prosodie dans les vers latins. Plus de croix, plus de place au banc d'honneur. Les retenues se succèdent, les pensums pleuvent, et les jours de sortie se passent à griffonner mille fois de suite :

Ante mare et terras et quod tegit omnia cœlum.

Mais qu'importe ! Il serait donc plus juste de renverser l'axiome et de dire : « Le collégien est l'ami du lézard. »

On prétend le lézard sensible à la musique. Quand on siffle un air en passant près du mur ou du rocher où il prend ses ébats, il s'arrête, avance la tête d'un air curieux et ravi, frétille de la queue, agite convulsivement une de ses pattes de devant, et donne des signes de satisfaction évidente. Peu à peu, malgré sa défiance et sa sauvagerie, il se rapproche du chanteur. Il est charmé, fasciné comme un serpent par la flûte du psylle, et cette incantation lui fait oublier le soin de sa propre sûreté. Captif, il accourt et sort de sa retraite, où il se cachait si bien qu'on le croyait perdu, lorsque les premiers accords résonnent sur le clavier.

Ne faites pas de bruit et regardez sur ce bloc de pierre ce lézard qui guette une mouche. Il s'appuie sur ses mains doigtées, que terminent de petites griffes délicates ; ses pattes de devant se replient et font coude, comme si elles avaient peine à supporter le poids du corps, bien léger pourtant ; celles de derrière, moins courtes, armées d'ongles plus longs, mais parfaitement inoffensifs, n'ayant d'autre emploi que de retenir l'animal sur les pentes glissantes, et disposés à peu près comme les ongles des pattes de grenouilles. Une nuance de vert, se fondant avec le gris jaune des flancs et du ventre, colore le dos du petit saurien, miniature de crocodile à l'usage de nos climats.

La tête est couverte d'écailles qui s'ajustent comme les pièces d'une armure. Une cotte de mailles d'un fin réseau et d'une souplesse à défier tous les armuriers du moyen âge, enveloppe le corps et les pattes, puis s'élargit en plaques imbriquées dont le nombre et la dimension diminuent jusqu'au bout de la queue. Tout cela est élégant, mignon, ciselé avec une finesse merveilleuse. On dirait un bronze à cire perdue où ne s'est oblitéré aucun détail, et l'envie vous prend de le saisir dans cette pose pour en faire un serre-papier.

La mouche imprudente, — une andrine si nous ne nous trompons, — voltige parmi les mousses et les plantes qui revêtent le rocher ; elle se pose çà et là, bourdonnant, lissant ses ailes avec ses pattes de derrière, plongeant sa trompe dans le nectaire d'une fleurette pour en tirer un peu de miel ; elle jouit du beau temps, du chaud soleil qui jette des iris sur les fines gazes dont elle frappe l'air, sans soupçonner qu'un ennemi est là, un monstre aussi gigantesque par rapport à sa taille qu'un caïman le serait pour un homme, attentif comme un chasseur à l'affût, suivant d'un œil avide tous ses mouvements, et dont la langue fourchue semble lécher les lèvres plates, prêtes à la happer et à l'engloutir ; car la bête la plus innocente, qui n'est pas herbivore, ne soutient son existence que par des meurtres continuels. La Nature n'est qu'un *circulus* de carnage. Insouciante de l'individu, elle ne s'occupe que de l'espèce. Que lui importe que cette mouche soit dévorée ? La terre contient des millions de larves, d'andrines, et la pullulation des races doit être refrénée.

Mais voici que le lézard s'avance ; rapide comme une flèche, la mouche a disparu dans ce gosier. Le drame est fini. Heureusement, les lézards sont

K.Bodmer

sobres, — on n'en vit jamais d'obèses, — et ce repas calme pour longtemps
son appétit. Bien repu, il regagne son logement, situé dans une fissure de
rocher, et fait sa sieste de digestion.

Quelle heureuse vie que celle du lézard ! Cependant quelquefois, faute de
mets plus succulent, les échassiers le piquent de leurs longs becs, et il
laisse aux mains d'un petit paysan ou d'un écolier sa queue fragile comme du
verre; mais elle repousse, et au bout de quelques semaines l'accident est
réparé.

Tous les animaux n'aiment pas autant la chaleur que le lézard, et dans
ce pré qui longe la lisière du bois, cherchant l'étroite ligne d'ombre projetée
par les arbres, vers le milieu du jour, les bœufs et les vaches se rassemblent, faisant sur le vert de l'herbe de belles taches fauves, noires ou
blanches. Agenouillés et couchés dans des poses majestueuses, ils ruminent
gravement, et promènent le regard vague de leurs grands yeux tranquilles,
auxquels Homère compare les yeux de Junon. Leur immobilité ne se dérange
que pour chasser une mouche taquine; alors leur flanc noir frémit et se
plisse, et ils secouent avec un mouvement d'impatience leurs têtes placides,
dont les cornes forment le croissant, comme la coiffure d'Isis.

Autour des bœufs sautillent et voltigent les bergeronnettes amies des
troupeaux, comme si elles voulaient les surveiller, tandis que le vacher,
adossé à un arbre, s'est endormi près de son chien, qui, de temps à autre,
lorsqu'une clochette remuée jette sa note dans le silence, soulève son museau
allongé sur ses pattes.

L'azur si frais et si léger du matin a blanchi et pris des tons de métal
en fusion; l'extrême chaleur le décolore comme un émail brûlé. Les tons
s'évanouissent dans la lumière intense, et une chaude brume s'élève à
l'horizon.

Au loin, sur la plaine, les pièces de blé font des orfrois; comme le brocart
des dalmatiques frisé par le soleil, le vague souffle de la brise y dessine
des moires. La blonde Cérès, en traversant cette riche campagne, serait
satisfaite, et trouverait que les élèves de son cher Triptolème n'ont pas
dégénéré. Encore quelques jours, et l'épi mûr, lourd de grain, fera pencher
la tige; et dès l'aube, les moissonneurs et les moissonneuses, armés de
faucilles, se mettront à l'œuvre; et les gerbes se rangeront en lignes sur les

sillons, comme des guerriers tombés dans leur armure d'or. Si quelques grains ont quitté l'épi et roulé à terre, les oiseaux du ciel en profiteront. Ne leur enviez pas, laboureurs avares, ces miettes de votre festin; ils ont bien mérité cette récompense, pour la guerre qu'ils ont faite aux mille espèces d'insectes, d'une fécondité prodigieuse, qui auraient dévoré la moisson en herbe. Il ne faut donc pas traiter en parasites les hôtes sans qui la table ne serait pas servie.

Regardez avec respect le blé sacré dont est fait le pain quotidien, l'âme même et la substance de l'homme, et qui, sur l'autel, a supprimé l'antique sacrifice. C'est une création humaine, car le blé n'existe nulle part à l'état sauvage, et la Nature ne peut offrir pour type qu'une incertaine graminée.

Mais retournons au bois. La Nature, cultivée par l'homme, n'est pas tout à fait chez elle; on la gêne, on la contrarie, on lui impose des méthodes. Elle est bien plus aimable et plus charmante lorsqu'elle reste libre en ses caprices.

Notre opinion est celle des perdrix qui, troublées par le va-et-vient des moissonneurs, se sont réfugiées dans un site plus solitaire, sur une pente exposée au soleil, pierreuse, hérissée de broussailles, d'achillées, de mille feuilles et autres fleurs sauvages. Des taillis escaladent la pente et y jettent des lisières d'ombre. En haut, le ciel luit, ardent et pur.

La perdrix a l'instinct de se rassembler en compagnie, à ce point que les mâles qui n'ont pas trouvé de femelles se réunissent en société, et vivent entre eux comme les célibataires membres d'un club.

Toute la bande est donc là : le père, la mère, les enfants, les cousins, qui ne s'éloignent guère du canton où ils ont pris naissance; adultes et jeunes cherchent des chrysalides de fourmis dont ils sont très-friands, et à leur défaut se contentent de graines; car ils sont à la fois insectivores et granivores; ils s'agitent joyeusement, secouent leurs plumes, se rengorgent, battent des ailes; car la chasse n'est pas ouverte et ne le sera au plus tôt que dans deux mois. C'est un moment de trêve intéressée que la destruction accorde à la fécondité de la Nature pour réparer ses pertes. Les chasseurs laissent naître, croître et s'engraisser leurs victimes. Touchante prévoyance !

Pour les perdrix n'a pas encore commencé cette vie inquiète, agitée, toujours sur le qui-vive, pleine d'alertes et de transes, où il faut se défendre, par d'innocents stratagèmes trop souvent déjoués, contre un ennemi supérieur en intelligence, en force, et armé d'un fusil qui atteint toutes les fuites et rend l'aile inutile. S'il n'y avait que l'homme, on pourrait encore le braver et lui échapper parfois. Il a des sens imparfaits, émoussés par la civilisation. Son œil est souvent myope, son ouïe manque de finesse, son odorat n'a pas la subtilité qu'il faut pour distinguer et suivre les *fumets*. Mais, parmi la gent animale, il s'est trouvé un traître, le chien, qui a passé à l'homme et mis au service de l'ennemi commun ses précieuses facultés. Il s'est fait le serviteur, le sbire et l'espion du tyran. Il prend parti pour lui contre ses frères. Il le met sur la piste des victimes, qu'il arrête, comme un sergent de ville, pour que le maître ait le temps d'arriver. Avec des signes de joie, frétillant de la queue, il assiste et participe au massacre, sans avoir même l'excuse de la faim; car ce gibier, il ne le mange pas. Le patron lui donne, soir et matin, sa sportule de soupe, comme à un client romain ou un mendiant de monastère; plus, quelques coups de fouet en manière de gratification. Mais en ce moment, chasseurs et chiens se reposent, en attendant que la loi sonne la cloche de la grande Saint-Barthélemy.

Il y a parmi les perdrix deux castes, dont l'une a de grandes prétentions aristocratiques : la perdrix rouge et la perdrix grise. La perdrix noble porte des bottes de maroquin rouge, comme un magnat hongrois en grand costume dans un bal d'ambassade ou de cour. La perdrix roturière n'a que des bottines grises; ses manières sont aussi beaucoup plus simples. La perdrix rouge montre, par le dédain et la fierté de ses allures, qu'elle a la conscience de sa supériorité. Elle gravit, d'un pas orgueilleux, les pentes escarpées jusqu'à leur sommet, s'élevant avec le soleil qu'elle semble vouloir accompagner. Elle y reste tant que l'astre est au zénith; puis, lorsqu'il incline à l'horizon, elle redescend peu à peu vers l'ombre de la plaine. Aussi est-ce un dicton populaire parmi les braconniers que « la perdrix rouge suit le soleil. »

Maintenant, quelle est la meilleure à manger, de la rouge ou de la grise? C'est un problème que nous laissons aux gourmets. Il faudrait Grimod de la Reynière, Brillat-Savarin ou de Cussy pour le résoudre. On dit que si la perdrix grise est plus succulente au commencement de l'automne, la perdrix rouge lui est supérieure dans l'arrière-saison.

Mais laissons là ces idées de meurtre et de cuisine; oublions que l'homme est le Gargantua de la création, la bouche insatiable où tout aboutit, et jetons un regard mélancolique sur ce nid abandonné, suspendu à des branches de ronces.

C'est un nid de fauvette; on le reconnaît à l'entrelacement d'herbes sèches qui en forme la corbeille, garnie de crin à l'intérieur. Quatre ou cinq œufs d'un blanc bleuâtre, ou plutôt d'un bleu clair, y reposent; mais, pour éclore, il leur a manqué la douce chaleur maternelle, la patiente et créatrice incubation. Le germe de vie, déposé par l'amour, s'est éteint sous la frêle coquille que ne brisera pas, pour s'élancer vers la lumière, le bec de l'oisillon avorté. La pauvre fauvette a été tuée sur son nid par un rapace, ou bien un oiseleur l'a prise, et, triste dans sa cage, elle pense à la chère couvée perdue.

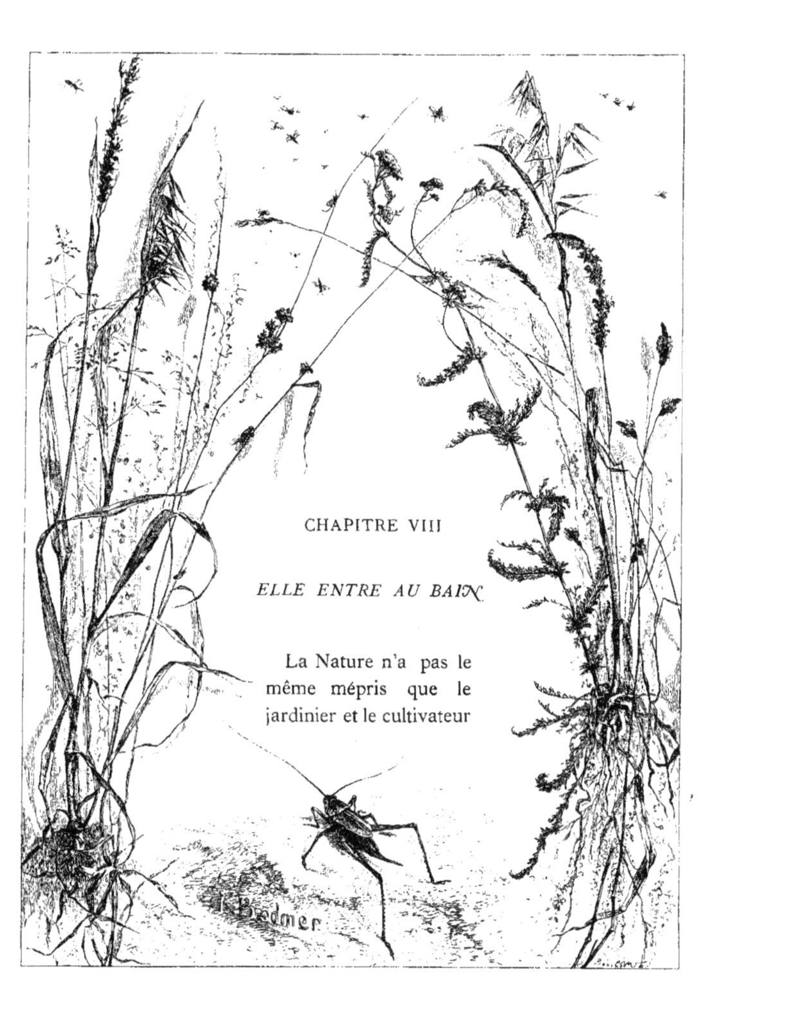

CHAPITRE VIII

ELLE ENTRE AU BAIN

La Nature n'a pas le
même mépris que le
jardinier et le cultivateur

pour ce qu'on appelle les mauvaises herbes. Elle les propage avec le même soin que les plantes qui font l'ornement des serres et des plates-bandes; ces sauvages et ces indépendantes lui plaisent, qui fuient l'homme et que n'ont pas déformées les savantes pratiques des horticulteurs. Elles sont sveltes, menues, d'une grâce élégante et légère. Leurs petites fleurs mignonnes n'ont pas été doublées; elles échappent à cette lourdeur obèse des fleurs trop bien nourries, chapons du règne végétal qui ne peuvent se reproduire, et gardent cette jolie maigreur de la jeunesse dont le charme est sans pareil. Quel poète ne préférerait l'églantine de haie, avec ses cinq pétales d'un incarnat pâle, aux grosses roses à cent feuilles, qui ressemblent à des choux colorés de carmin? Qu'elle est délicate et fraîche, cette mignonne rose des champs que le moindre vent fait trembler sur sa tige flexible! La rosée y scintille en perles, l'abeille s'y roule et s'y charge de pollen, et c'est elle que la reine Mab choisirait pour faire avec ses feuilles les rideaux de son lit de noces.

Quoi de plus charmant que la folle-avoine qu'Ophélie mélangeait aux fleurs dans sa couronne de folle? Ses longues tiges fines, ses graines à capsules cornues forment de gracieuses aigrettes au-dessus des graminées de taille plus humble. Quoique qualifiée de mauvaise herbe, elle a sa beauté et fait fort bonne figure au bord des chemins, au pied des arbres, sur le revers des fossés, le long des murailles, en compagnie de l'ortie blanche, de la fausse ciguë, de l'ivraie, de la foirolle, et autres plantes mal famées qui prospèrent dans l'abandon et qu'on arrache, quand on s en occupe, pour les mettre en tas et les faire brûler. L'art pourrait entrelacer dans ses arabesques ces tiges grêles aux feuilles étroites, aux fleurs presque imperceptibles, de couleurs si tendres et de formes si délicates.

Nous avions jadis rêvé un jardin où l'on aurait mis la bride sur le col à la végétation. Jamais la serpe n'y aurait émondé une branche, jamais les ciseaux n'y auraient taillé une haie ou une bordure. Toute liberté aux rameaux de s'enlacer à leur guise, aux plantes de ramper, de grimper, aux mousses de couvrir de leurs plaques le tronc des arbres, aux lichens de blanchir de leurs bandes grises le menton des statues, aux ronces de barrer les allées et de vous arrêter avec leurs griffes, au coquelicot sauvage de piquer son étincelle rouge près de la rose à l'abandon, au lierre d'allonger sa guirlande vagabonde et de retomber par-dessus la rampe des terrasses; toute licence à l'ortie, au chardon, à la chélidoine, au gratteron, qui s'attache à vous comme un fâcheux, à la bardane, à la morelle, au chiendent, à toute la horde bohémienne des plantes indisciplinées, de pousser, de multiplier, d'envahir, d'effacer toute trace de culture, et de faire du parterre une forêt vierge en miniature.

Ce paradis abandonné, nous l'aurions voulu entouré de murs verdis de mousse et drapés de plantes pariétaires, couronné de violiers, d'iris, de giroflées et de joubarbes, en manière de tessons de bouteilles, pour ôter aux gamins l'envie de les franchir; et au-dessus de la porte délavée par la pluie, dépouillée de peinture et n'ayant gardé aucune trace de ce vert chéri de Jean-Jacques Rousseau, nous aurions tracé cette inscription en lettres noires, de forme lapidaire et d'aspect menaçant : « Défense aux jardiniers d'entrer ici. »

Ce caprice, difficile à réaliser pour un homme encastré dans la civilisation, où la moindre originalité se taxe de folie, la Nature, qui se moque du jugement des sots, se le passe à tout moment. Elle a comme cela mille recoins adorables où l'homme pénètre rarement, ou même ne pénètre pas du tout. Là, sans contrainte, elle se livre à de charmantes débauches d'herbes folles, de fleurs farouches et de végétations désordonnées. Tout cela germe, pousse, fleurit, s'épanouit, jette ses graines au vent, qui se charge de les porter où il faut, avec une joie et une impatience de vivre vertigineuse. La moindre place au soleil est aussitôt prise. Les recoins à l'ombre ne sont pas non plus dédaignés. Il est des plantes qui craignent de se hâler le teint, et auxquelles plaît la fraîcheur humide. Et c'est un fouillis inextricable de minces tiges, de feuilles étroites, de petites fleurs où l'insecte peut seul se frayer une voie.

Si vous n'avez pas peur que les ongles des broussailles vous égratignent, et que la rosée ou la pluie récente que le soleil, à peine débarrassé des nuages, n'a pu faire évaporer encore, ne mouille et ne gâte vos brodequins vernis, venez visiter avec nous un de ces réduits mystérieux où la Nature, certaine de ne pas être surprise, dépose ses voiles, comme une Diane au bain découvre à la solitude les charmes qu'elle cache au monde. Quand bien même elle s'apercevrait de votre présence, elle n'est pas cruelle et prude comme la virginale chasseresse, et vous ne courrez nul risque d'être changé en cerf comme Actéon et mangé par vos chiens, qui ne vous reconnaîtraient pas, orné de cette ramure et couvert de ce pelage fauve. Venez donc sans crainte, en prenant seulement garde de glisser sur les roches tapissées de mousses visqueuses.

Le ravin s'enfonce en pentes rapides. Des végétations ébouriffées, des arbustes, des broussailles et des arbres se penchent sur ses bords, où ils se retiennent par leurs racines pittoresquement contournées. De la terre déchirée saillent, à travers des tons d'ocre, des roches grisâtres de formes bizarres.

Dans le fond murmure, se plissant aux pierres et aux cailloux, le ruisseau qui peu à peu a creusé le ravin et pratiqué à la surface du sol cet étroit vallon rempli d'ombre et de fraîcheur. Des quartiers de roche, qui ont roulé du haut de la berge parfois, obstruent le courant et l'obligent à de petites cascades, à des mutineries d'écume qui s'apaisent un peu plus loin quand la place est plus large. Alors l'eau tranquillisée s'étale comme une mince plaque de verre sur le fin gravier, dont elle laisse voir tous les détails, ne manifestant sa présence que par un mince filet argenté brillant au contact de la rive.

Aux endroits plus creux, verdissent des forêts de cresson submergées et luisent des blancheurs de sable, qui font penser au corps nacré d'une ondine nageant entre deux eaux.

Mille accidents dont un peintre ferait son profit varient le cours de cette source ignorée, qui n'a pas même de nom ; ici, un tronc d'arbre tombé lui fait un pont ; là, une branche courbée égratignant l'eau semble pêcher à la ligne ; plus loin, une touffe de glaïeuls hérisse ses feuilles aiguës ; des vergiss-mein-nicht regardent de leurs yeux de turquoise couler le flot limpide. Une pierre penchée de la rive sur le courant prend la silhouette d'un animal qui boit ; une racine s'y glisse comme une couleuvre, des herbes y laissent pendre comme des naïades leurs humides chevelures, et sautant de branche en branche, un rayon de soleil perdu y brise sa flèche d'or.

Suivant tantôt une rive, tantôt l'autre, selon le caprice du courant enjambé au moyen de blocs de pierre disséminés çà et là, vous arrivez enfin à l'endroit où se termine le ravin par une sorte de petit cirque.

La paroi s'élève presque verticale sous un manteau de ronces, de pariétaires, de saxifrages, de fontinales, de lampourdes, de lierres emmêlant leurs longs rameaux flexibles, et faisant contraster la variété de leurs verdures frappées par la lumière.

Venue de plus haut et de plus loin, la source tombe du sommet de cette muraille, si richement brodée de végétations, en filets de cristal qui se brisent sur les anfractuosités de la roche, sur les réseaux des branches, les feuilles des

ronces et des plantes, qu'elle inonde d'une pluie de diamants ; puis elle rejaillit par une seconde chute, tendant au seuil d'une grotte sombre ouverte au bas du rocher, comme les cordes d'argent d'une harpe, ses longues lanières transparentes.

Dans le bassin, bordé de joncs et de prêles, l'eau clapote sous les gouttes qui tombent, lançant des éclaboussures du blanc le plus vif, et arrondit des cercles qui vont s'élargissant avec un tremblotement lumineux.

Rien de plus frais et de plus sauvage que ce petit gouffre de verdure où se précipite une source. Les feuilles lavées y brillent comme si elles étaient vernies. Des gouttelettes les diamantent, et les changent en écrins où la lumière met ses iris. Tout y est vert, vivace, luxuriant, touffu. On sent que c'est une des retraites aimées de la Nature, et qu'elle l'a parée avec un soin tout particulier.

Mais cette grotte, creusée mystérieusement au pied de ce rocher, entre ces draperies de feuillage finement découpées, qui l'encadrent comme des rideaux de dentelle, qui l'habite ? L'antiquité y eût logé une nymphe, le moyen âge une ondine ou une nixe. Mais ce sont là des êtres fantastiques, enfants de l'imagination humaine ; et la Nature, malgré ses féeries perpétuelles, est réaliste et ne donne pas dans ces chimères.

L'hôte qu'abrite ce rustique palais était absent. Le voici qui rentre : fluet, souple, furtif, allongé sur le ventre, la tête basse, il traverse la berge séparant la grotte du bassin où trempe encore à demi sa queue. Sa fourrure est brune, moirée et douce à l'œil comme du velours. Plus heureux que les Parisiens, dupés par le narquois paysan de Balzac, vous avez vu une loutre, — car c'en est une, — et sans avoir donné vingt francs, pour cela, au père Fourchon et à Mouche, son acolyte.

La loutre est la châtelaine de ce burg aquatique. Elle a droit de pêcher sur ce vivier et sur la rivière qui en découle. Tout ce vallon, si bien caché et qu'on ne devinerait pas, — aucun chemin n'y conduit, — est son domaine. Pour attendre sa proie, elle n'a besoin ni de nasses, ni de filets, ni d'hameçons, ni d'amorces, ni d'aucun de ces engins qu'on vend sur le quai de l'École. Elle plonge mieux que les pêcheurs de perles de la côte de Coromandel, et quoique forcée de temps en temps de revenir à la surface, où sa présence se trahit par des bulles d'air, elle a l'haleine longue. Se coulant sous l'eau avec précaution, sans en faire jaillir une goutte, elle va trouver le poisson chez lui. La truite est toute surprise de se trouver nez à nez avec ce chasseur au fond de la rivière ; les perches essaient vainement de fuir en hérissant les dards de leurs nageoires, la loutre les happe subtilement, leur enfonce dans les flancs ses dents aiguës, pareilles à des arêtes, remonte au-dessus de l'eau, les tient un moment en l'air pour les étouffer et les jette sur la rive.

C'est un animal délicat que la loutre, et un fin connaisseur en poisson ; tous ne lui conviennent pas : elle en abandonne beaucoup après un premier coup de dent, leur trouvant sans doute un défaut dont les gourmets les plus experts ne s'apercevraient pas, et ce goût dédaigneux fait parfois découvrir sa retraite entourée de débris.

Quelle gracieuse et charmante bête, onduleuse comme l'eau, souple comme le chat, avec sa tête aux courtes oreilles, aux yeux intelligents et clairs, et sa robe de velours tanné, si soyeuse et si douce, dont les épiciers, ces barbares ! se faisaient des casquettes, au lieu de la laisser sur le dos de l'animal à qui elle seyait si bien ! On estime à quatre mille la destruction annuelle des loutres en France. Massacre déplorable et stupide, car il serait bien facile à l'homme de se faire un auxiliaire de ce prétendu ennemi, dont la tête est mise à prix comme celle d'un malfaiteur.

Toussenel, le grand connaisseur en fait d'animaux, le poète lyrique de la zoologie passionnelle, parle de la loutre avec enthousiasme, en déplorant la proscription imbécile dont elle est l'objet :

« Encore si la loutre avait refusé une seule fois de prêter son concours à l'homme quand on l'en a requise ; mais c'est qu'au contraire elle est heureuse de mettre toutes ses brillantes facultés pour la pêche au service de l'homme. Prenez une jeune loutre, une loutre à la mamelle, soyez aimable et caressant pour elle comme vous l'êtes pour vos chiens, et au bout de deux ou trois mois elle vous chérira de la même affection qu'un épagneul ; elle vous accompagnera partout, elle gémira de votre absence, elle saluera votre retour de trépignements d'allégresse ; et quand vous l'aurez tenue quelque temps au régime exclusif de la viande de boucherie, quand vous lui aurez fait comprendre la supériorité de cet aliment sur le poisson, elle n'en voudra plus d'autre. Vous la prierez d'aller vous chercher dans le vivier ou la rivière voisine un poisson respectable ; elle s'y précipitera, tête baissée, et au bout de quelques minutes elle vous rapportera la pièce demandée. Vous aurez soin seulement de tenir en réserve, pour chacune de ces occasions et pour stimuler son ardeur, une légère tranche de gigot dont vous lui ferez cadeau au moment où elle déposera son butin à vos pieds. Ce n'est pas plus difficile. J'ai vu autrefois, à Verdun-sur-Oise, une loutre ainsi dressée, qui faisait le bonheur de son maître et l'admiration des amateurs. »

Tout le monde connaît l'auteur de l'*Esprit des bêtes ;* son livre charmant, qui pourrait avoir pour sous-titre : la *Bêtise des hommes,* raconte l'intéressante histoire de la loutre du roi de Pologne, Casimir, dont l'adresse merveilleuse excita longtemps l'envie de tous les barbets de la cour, et « qu'un soldat de malheur assassina un jour pour en faire un manchon à sa payse. »

Les Chinois, qui ne sont pas si magots qu'ils en ont l'air, ont su se rallier ce gentil animal. Leur vénerie aquatique est complète. Ils ont le faucon d'eau dans le cormoran et le chien de pêche dans la loutre. Sur le fleuve Jaune, une loutre bien dressée se vend jusqu'à mille francs, et ce n'est pas trop cher pour les services qu'elle rend à son maître.

En attendant que l'homme se ravise, ce qui n'est guère probable, vu qu'il s'éloigne chaque jour de la Nature, dont le sens paraît s'oblitérer chez lui, ne te hasarde pas, gentille loutre, hors de ce ravin solitaire. Vis là dans une retraite absolue ; tapis-toi bien dans ta grotte profonde, que semble défendre une herse de cristal ; au moindre bruit, plonge sous l'eau et ne reparais que bien loin, lorsque la respiration te manquera, à l'abri de ces racines d'arbres sous lesquelles la berge se creuse ; fuis le bourreau de la création, vers qui ta sympathie t'entraînerait ; il ne serait pas sensible à tes avances, et te tirerait un coup de fusil pour avoir ta peau, ou seulement pour te prouver son adresse.

Nous ne reviendrons plus dans ce ravin pittoresque, si propice à la rêverie, de peur d'en apprendre l'existence aux chasseurs méchants, aux enfants cruels et aux braconniers qui te dresseraient des piéges. Sois tranquille ; nous ne te trahirons pas et nous garderons fidèlement ton secret. Nous n'avons aucune envie de toucher la prime.

C'est à regret que nous quittons cet asile de paix et de fraîcheur, où l'on se sent si loin des soucis et de l'agitation de la ville. Le moindre objet suffit à l'observateur, et l'on pourrait s'occuper toute une longue journée à regarder sur le bord du chemin cette plante sur laquelle se promène gravement un

colimaçon et qu'entoure un monde bourdonnant d'insectes. Il peut dire,
celui-là, comme Bias : « Je porte tout avec moi. » Sa maison de nacre, formant
une gracieuse spirale qui rappelle la coiffure de Jupiter Ammon, adhère à son
dos ; il lui est loisible d'en sortir à moitié ou d'y rentrer tout à fait, et il faut
qu'il aille en visite avec sa demeure sur les épaules. Du reste, sa coquille ne
paraît pas le gêner, et il s'avance le long de la branche, pressentant le chemin
de ses tentacules, qui s'allongent et se raccourcissent comme des télescopes.
Laissant derrière lui la traînée d'argent de sa bave, il rampe insoucieux du
bupreste et de la cicindèle.

CHAPITRE IX

LA TABLE EST SERVIE

L'Été, le couvert est toujours mis, et la Nature traite son monde avec magnificence, pour le dédommager des privations de l'Hiver, où son buffet est peu garni. Elle convie au festin les grands et les petits, les superbes et les humbles, ceux qui rampent et ceux qui volent. Chacun a son plat favori, comme un hôte habituel de la maison dont on connaît le goût. Ceux qui viennent tard ne sont pas moins bien reçus que les premiers arrivés; on se serre un peu pour leur faire place à la table, et la maxime « *Tardè venientibus ossa* » n'est pas pratiquée dans cette demeure hospitalière et seigneuriale.

Si parfois, pendant la froide saison, la Nature a pu sembler une marâtre à ses enfants, les beaux jours revenus, on voit bien qu'elle était forcée, bien malgré elle, à l'épargne par la dureté des temps, et fâchée au fond de son cœur de mettre ses chers petits à la portion congrue. La bonne et tendre mère universelle reparaît dans toute sa généreuse effusion, pressant sur sa poitrine tous ceux qui ont faim, avec le mouvement sublime de la Charité, d'André del Sarte.

Voyez ce buisson de ronces. C'est un banquet de cent couverts, et la joie est grande parmi les convives, car ils savent qu'ils n'ont pas de note à payer; le quart d'heure de Rabelais n'existe pas pour eux. Ils sont venus de tous les coins du ciel, gais, pimpants, avec des cris d'allégresse, avec grand appétit. Sous les feuilles s'arrondissent, comme des grenats-cabochons, les baies des mûriers sauvages, et brillent les fruits rouges de l'épine-vinette, encore un peu acides; mais comme les mûres sont déjà juteuses et sucrées, pleines d'une pourpre qui noircit les lèvres des jeunes filles gourmandes! — La fauvette, qui aime les douceurs, s'en donne à bec que veux-tu, comme un enfant laissé libre dans une confiserie. Bien d'autres petits gourmets emplumés imitent la fauvette. Ils vont, viennent, sautillent, se trémoussent, palpitent des ailes, essaient telle baie, puis telle autre. Celle-ci est trop mûre, elle a un coup de feu de soleil; celle-là ne l'est pas assez: « Ils sont trop verts et bons pour des goujats, » comme les raisins du Renard, disent les oiseaux, qui connaissent leur La Fontaine. Ils entament beaucoup de mûres, les insouciants prodigues! Ils chipotent, ils gâchent, ils mettent le dessert au pillage, éparpillant les mets à droite et à gauche, et faisant un dégât énorme, sans penser au déjeuner du lendemain; et quand ils se sont bien repus, ils se grisent d'un petit verre de rosée pris dans le calice d'une clochette. Le Magnifique de Venise, buvant du vin de la Commanderie dans sa frêle coupe de Murano, n'était pas mieux servi que l'oiseau ayant pris son verre au dressoir de la Nature; et, à coup sûr, il dînait moins joyeusement, quoique sa salle à manger, au plafond doré, eût pour dessus de porte des Titien, des Bonifazzio, des Tintoret et des Pâris Bordone. Mais l'oiseau ne craint pas d'être cité au conseil des Dix.

Les oiseaux ne sont pas les seuls invités ; les papillons sont aussi de la fête : il y a du miel pour eux dans le nectaire des liserons et des fleurs grimpantes qui s'attachent aux haies. Pour la solennité, ils ont revêtu leurs plus beaux habits, faits en étoffes près desquelles le brocart, le velours, le satin, la moire ne sont que des tissus grossiers, et plus rudes que la toile d'emballage. La pourpre, l'or, l'azur, le jaune soufre, les couleurs les plus tendres et les plus éclatantes diaprent leurs ailes veloutées. Leurs yeux brillent plus que les pierres précieuses, et le moindre détail de leur toilette est une merveille de luxe et de goût. Nul coloriste n'a pu inventer une si riche palette. La palette transparente de l'artiste verrier n'en approche même pas. On dirait des fleurs qui volent.

Ils se cherchent et s'évitent avec une vivacité folâtre, faisant décrire des zig-zags à leur vol inégal. La galanterie les occupe plus que la gourmandise. Les papillons ne sont pas grands mangeurs ; parvenus à leur dernière et radieuse métamorphose, ils ne vivent plus que pour l'amour. Ils ont laissé, avec la peau de la chenille, les instincts grossiers et voraces. Une perle de rosée, une larme de miel leur suffit ; leur vie rapide s'enivre et se soutient de parfums, de soleil et d'air pur. Ils ont la légèreté de l'âme, dont ils sont le symbole.

Dans toute société, si choisie qu'elle soit, il se glisse toujours des êtres désagréables et subalternes : des parents pauvres, d'anciens amis de collége qui ont mal tourné et affectent avec vous une familiarité choquante ; des gens mal mis ou d'un physique repoussant, à qui l'on n'ose dire de s'en aller, et qui font faire une légère moue à la maîtresse de la maison. Il en est de même ici. Certes, ce colimaçon, qui s'en va bavant comme un enfant malpropre sur la nappe où le dîner est servi, n'a pas reçu de lettre d'invitation, et aurait bien fait de rester dans sa coquille. Il n'a pas l'usage du monde, évidemment, car il y a dans la haie des oiseaux dont les oiselles sont connues pour fort coquettes, et il fait des cornes à ces pauvres maris, ce qui est d'un goût détestable, bon seulement pour Molière et l'illustre Gaudissart. On a beau lui faire signe, il ne tient compte de rien et continue sa plaisanterie d'ancien répertoire. C'est à lui casser,

à coups de bec, sa coque sur le dos. Il souille tout ce qu'il touche, et personne
ne voudrait d'une mûre qu'en passant il aurait argentée de sa glu. Mais la
Nature, qui n'a pas de ces dégoûts de petite maîtresse, lui fait bon accueil et le
laisse se repaître de feuilles à son appétit.

L'araignée est venue aussi, un pauvre être répulsif qui inspire une horreur
générale, qu'on écrase sous le pied quand on la rencontre, et que gobent les
astronomes et les rossignols, les uns par friandise pure, comme une pastille
à la menthe, les autres par régime de ténors pour se purger et se tenir la voix
claire. Elle n'est pas belle, il faut l'avouer, avec ses huit yeux, ses huit pattes,
son corsage maigre et son ventre énorme comme celui d'un hydropique, et
qui n'a nullement la gaieté d'un ventre de Silène. La laideur de la forme n'est
pas palliée par la beauté de la couleur, d'un gris terne et sale comme la poussière qui se tamise dans les chambres inhabitées. Ses mouvements même,
d'une brusquerie fiévreuse, où se trahissent l'avidité et la peur, causent un effroi
instinctif. Elle vit triste, solitaire, inquiète, incertaine du dîner et du souper;
car elle ne peut courir après une proie qui a des ailes, et il faut qu'elle la
guette à l'affût dans son piége savamment ourdi et tiré de sa propre substance.
Attendre, toujours attendre dans une immobilité impatiente, à jeun depuis
longtemps peut-être, tel est le destin de l'araignée.

Ne regardez pas l'ouvrière, examinez l'œuvre : cette toile suspendue aux
branches du buisson par des câbles plus fins qu'un cheveu, et cependant com-
posés de mille fils tordus ensemble, n'est-elle pas une merveille de science,
d'industrie et d'art? Quelle régularité géométrique dans cette trame qui court à
travers la chaîne, dont les fils, épanouis en étoile, partent d'un centre commun!
Quelle habileté prodigieuse il a fallu pour tisser et nouer ces filaments, si ténus
que l'œil les aperçoit à peine! Nulle dentelle, nul filet, nul ouvrage de mailles
n'égale en délicatesse cette toile, qu'emporte dédaigneusement le balai ou l'aile
de l'oiseau, selon qu'elle est attachée à l'angle d'une chambre ou à la fourche
d'une branche. On admire, au front des cathédrales, les roses gothiques dans
leurs réseaux de nervures; mais que cela est grossier à côté de la rosace
aérienne de ce misérable insecte, objet de tant d'aversions injustes!

L'araignée est donc là au centre de sa toile, qu'émeut le moindre souffle,
tremblant qu'un de ces jolis messieurs emplumés, qui festinent près d'elle, n'ait
la fantaisie de l'ajouter à son repas comme entremets, ou tout au moins ne

s'amuse, par pure fantaisie, comme un gamin en gaieté, à rompre ce filet tendu qu'il lui faudra raccommoder, reprendre maille par maille ou refaire en entier, avec un nouveau fil péniblement extrait de ses mamelles épuisées; car point de toile, point de mouches, et point de mouches, point de toile; c'est-à-dire la certitude de crever mélancoliquement de faim. C'est un cercle fatal qu'elle ne saurait franchir.

Un bourdon passe, rayé de fauve et de noir comme Saltabadil dans le *Roi s'amuse*.

C'est un vigoureux compère; il a un large estomac bien cuirassé, un ventre rebondi, du poil sur les tarses comme un Milon de Crotone. Dans l'armée des insectes, il a rang d'hoplite, ce qui équivaut à cuirassier ou à carabinier dans l'armée humaine. Il vole pesamment, mais sûrement, avec un ronflement majestueux.

C'est un bien gros morceau pour l'araignée, qui cependant s'est mise en position de combat. Mais le bourdon heurte la toile, dont il fait tomber quelques gouttelettes de rosée. Un peu plus il l'emportait avec l'araignée, prise dans son propre filet. Il faut des câbles plus forts pour retenir ce Samson ailé dont nulle Dalilah n'a coupé les cheveux.

Bientôt arrive un cousin fier de ses deux plumets, sonnant de son clairon, tout joyeux du soleil et volant à l'étourdie. Il se jette dans le piége comme un sot. L'araignée accourt et tâche de l'enferrer entre ses huit pattes et de le garrotter avec un fil qu'elle dévide autour de lui. Mais c'est un cousin de grande taille. Il fait vibrer ses ailes aux nervures vigoureuses, brise la trame dont on veut l'enlacer, et dégaînant son épée dentelée en scie il en frappe au flanc son adversaire, forcé de lâcher prise. Dans ce combat du cousin et de l'araignée, autant d'habileté, d'adresse et de courage que dans la lutte applaudie des deux plus célèbres gladiateurs d'un cirque en présence d'un César.

Blessée, traînant la jambe, l'araignée se retire au fond de son fort pour respirer un peu. Tout à coup, ô bonheur! la toile a vibré sous un choc; les fils télégraphiques convergeant au centre ont averti la pauvre bête affamée qu'une mouche venait de se prendre. Elle s'élance, et le duel n'est pas long; la mouche se débat quelques secondes, l'araignée a déjeuné enfin!

Sans doute la mouche est à plaindre; elle avait bien son droit de vivre, et il est dur d'expirer, dans l'horreur et l'effroi, entre les pattes d'un monstre plus hideux que les larves du cauchemar. Mais que pensent de notre mansuétude les bœufs et les moutons qui ont notre estomac pour cimetière?

Le déjeuner fini, on quitte la salle à manger et l'on passe au salon, un fourré de ronces bien frais, bien ombreux, arrêtant le soleil et laissant passer l'air, aux jolies feuilles mignonnement découpées, aux longues branches flexueuses, perchoirs confortables où la conversation se berce comme dans un fauteuil à l'américaine. La compagnie est nombreuse : on y voit le linot, le pinson, la fauvette, le chardonneret, la grisette, la mésange, le rouge-gorge, le roitelet, qui causent entre eux, se racontant les nouvelles du bois, les petits scandales récents. Il y a des galantins et des coquettes, débitant des madrigaux et faisant de petites mines. Les Don Juans prennent leurs grands airs vainqueurs, et les virtuoses exécutent sans se faire prier les morceaux favoris du nouvel opéra. Leur chant jaillit de leur gosier, facile et sonore; ce n'est pas la saison des rhumes.

C'est un raout en plein jour, comme il s'en donne quelquefois dans le monde lorsque la maîtresse de la maison est jeune et jolie, et tient à démasquer les artifices de *maquillage* de ses rivales. Mais nulle des invitées n'emploie la poudre de riz, le *k'hol* et le fard. Leurs couleurs sont naturelles : la mésange à tête noire ne se teint pas en roux; on ne voit pas que la grive musicienne se pose une touche de rouge sous l'œil pour s'aviver le regard; la fauvette ne se barbouille pas les pattes de blanc de perle. Les robes de toutes ces dames viennent d'être renouvelées par la mue. Elles n'ont donc rien à redouter de la lumière.

Quand on a bien causé, bien ri, bien chanté, bien sautillé, chacun s'en va, sans qu'il soit besoin qu'un laquais crie dans le vestibule : « La voiture de Monsieur ou de Madame est avancée! » En deux ou trois coups d'ailes l'oiseau est rentré chez lui ou s'est transporté ailleurs, au gré de son caprice. Il a, le bienheureux oiseau, le privilége de l'aile, qui le délie de la terre, le délivre de la pesanteur, supprime pour lui la distance, lui ouvre tous les chemins du ciel, lui donne presque l'ubiquité et le rend indépendant et libre.

Pourtant, quelque rapide qu'il soit, la mort sait l'atteindre au plus haut des airs comme sous la feuillée la plus épaisse. Aucune retraite ne peut être cachée à la vieille Mab. Le pauvre cher petit oiseau devient malade; les couleurs de son plumage se ternissent; frileusement ramassé en boule, le bec abaissé sur la poitrine, les membranes de l'œil à demi-tirées, comme si le jour le blessait, se

retenant avec peine à son perchoir, il reste immobile pendant de longues heures. De temps à autre, il laisse échapper un gazouillement faible, qui ressemble au murmure d'un rêve ou à la plainte d'un enfant. Puis il retombe dans son morne silence. Rien de touchant comme la résignation de la bête à l'agonie. C'est d'elle qu'on peut dire en toute vérité, comme dans l'oraison funèbre de Madame : « Elle fut douce avec la mort. »

Bientôt un frémissement convulsif l'agite; ses plumes se hérissent ; ses doigts armés d'ongles, qui ont poussé encore pendant la maladie, se détendent, s'ouvrent et quittent la branche. L'oiseau si léger tombe comme un plomb; car rien ne rend plus lourd que la mort. Il est là par terre, lui habitué à l'azur, parmi quelques graminées qu'a déplacées sa chute, étendu sur le dos, couché entre ses ailes désormais inertes, le bec demi ouvert, l'œil déjà terne, et les pattes douloureusement tendues vers le ciel, comme des mains dont la supplication a été inutile et qui implorent toujours.

Comment la nouvelle de sa mort s'est-elle répandue ? Sa famille n'a pas envoyé de lettres de faire-part, ce n'est pas l'usage chez les oiseaux, et déjà toute la tribu des fourmis est informée; les mouches le savent. Les unes accourent, sondant le chemin de leurs antennes, les autres se hâtent en bourdonnant et en battant des ailes, gaies comme des héritiers que rien n'oblige à l'hypocrisie. La Nature, qui tire perpétuellement la vie de la mort, se repétrit sans cesse sous de nouvelles formes ; l'éternelle matière n'a pas une sensibilité larmoyante.

Fourmis et mouches prélèvent sur cette bonne aubaine ce qui leur convient. La fourmi en détache une parcelle, la mouche y dépose son œuf, qui, plus tard devenu larve, trouvera sa nourriture dans le petit cadavre. Mais ce cadavre il ne peut rester ainsi sous la pure lumière, offensant les yeux et l'odorat par le spectacle et la putridité de sa décomposition. La mort a sa pudeur et demande l'ombre pour ses mystères. Il faut donc que ce pauvre petit corps soit inhumé et rendu à la poussière d'où il vient. Toute forme brisée doit être rejetée au creuset pour se couler ensuite dans un nouveau moule.

Avez-vous remarqué qu'on ne rencontre jamais dans les bois le cadavre d'un animal mort! Les rapaces les font disparaître, et la Nature a mille moyens de les enterrer sans recourir à l'entreprise des pompes funèbres. Elle possède ses officiers de deuil, ses ensevelisseurs, ses croquemorts et ses fossoyeurs, aussi

philosophes que s'ils avaient dialogué avec Hamlet. C'est la nombreuse tribu des nécrophores en costume noir, de braves insectes qui s'acquittent avec conscience de cette mesure de salubrité.

Ils arrivent d'un pas grave et lent, comme l'exige la circonstance, constatent le décès, prennent la mesure du corps, pinson ou fauvette, et commencent leur besogne avec méthode. Ils fouissent la terre sous le cadavre et font une fosse d'une régularité parfaite, où il descend graduellement et sans secousse, soutenu par le dos des nécrophores, mieux que s'il était descendu avec des cordes. Il s'enfonce ainsi comme s'il rentrait de lui-même au sein maternel. Bientôt il est au niveau du sol ; quelques minutes encore, et il aura disparu. Les nécrophores remontent et rejettent sur le corps, avec les pelles de leurs pattes, la terre qu'ils ont tirée du trou ; ils l'étendent, ils la piétinent, ils la tassent et l'égalisent. Dans quelques jours, lorsque la pluie aura fait affaisser la petite éminence, il sera bien difficile de retrouver la tombe de l'oiseau.

Déjà une vie sourde commence à fermenter dans ce domaine de la mort ; les œufs confiés se développent ; les larves tressaillent confusément. Chacun, être animé ou végétal, reprend à ce corps l'élément dont il a besoin, et bientôt de la poussière de l'oiseau s'envole une mouche brillante et naît une fleur au frais coloris, au parfum suave.

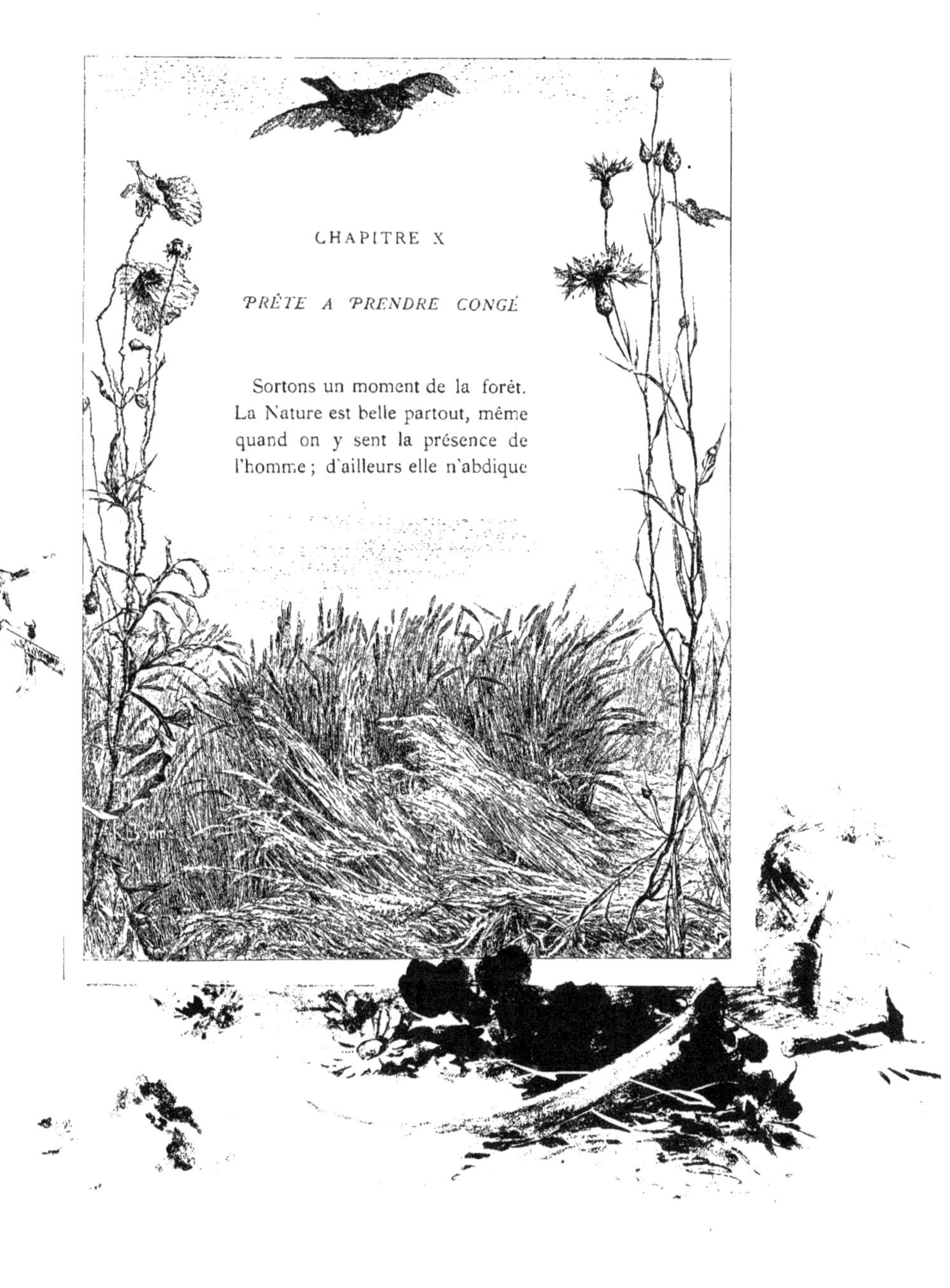

CHAPITRE X

PRÊTE A PRENDRE CONGÉ

Sortons un moment de la forêt.
La Nature est belle partout, même
quand on y sent la présence de
l'homme ; d'ailleurs elle n'abdique

jamais ses droits. Dans ces blés jaunissants, aux lourds épis, plantés en sillons égaux qui sont produits par la volonté laborieuse du laboureur, elle sème les étoiles de lapis du bluet et les cocardes écarlates du coquelicot : paillettes d'azur, étincelles de flamme, rompant à propos la monotonie de ces longues bandes jaunâtres, un peu ennuyeuses à l'œil malgré leur utilité incontestable. Decamps, le merveilleux coloriste, ne procédait pas autrement : il peignait des points rouges et bleus dans ses tableaux, comme pour donner le *la* à sa symphonie de tons.

Ce n'est pas une fleur bien estimée que le bluet ; elle est charmante, mais ne coûte rien et pousse toute seule dans les champs. Les enfants s'en font des couronnes que n'eût pas dédaignées Glycère, la bouquetière d'Athènes, pour les offrir au bel Alcibiade allant au banquet de Platon. Le bluet a le port élégant, et son étoile dentelée sort avec grâce de sa capsule verte. S'il n'a pas de parfum, il possède le mérite de présenter un échantillon de bleu franc, sans aucun mélange de violet, couleur dont la Nature est excessivement avare. Qu'il faisait bien, semé en bouquets sur les draps blancs tendus au passage des processions, lorsque Dieu pouvait encore sortir de chez lui et que sa fête était publique ! Qui sied mieux sur un chapeau de paille que deux ou trois bluets relevés d'un coquelicot et mêlés aux longues barbes de quelques épis ? Nous aimons cette honnête fleur rustique, que rejette comme trop commune la coquetterie dédaigneuse des petites dames, et qui pare si bien le front ingénu d'une vierge de quinze ans. A son aspect, le refrain de la ballade de Victor Hugo, dans *les Orientales*, nous voltige involontairement sur les lèvres :

> Allez, allez, ô jeunes filles !
> Cueillir des bluets dans les blés.

Le bluet semble se plaire avec le blé et se mêler volontiers à la couronne de Cérès. Notre mémoire ne nous rappelle pas de bluet hors des moissons. Nous n'en avons jamais vu ni dans les bois ni sur le bord des chemins. Le coquelicot, lui, est beaucoup plus vagabond ; ses graines légères volent partout. Le chemin de fer même ne l'effraie pas ; il pousse sur la crête des remblais et jusqu'au les rails, où ses fleurs rouges ressemblent à des parcelles de braise échappées au cendrier de la locomotive.

Au-dessus de ces épis et de ces fleurs vole l'alouette des champs, qui aime aussi les sillons, où elle fait son nid sur une motte de terre, dédaignant les arbres et les buissons comme trop sauvages. C'est un charmant oiseau que l'alouette, avec son dos brun et son ventre d'un blanc moucheté, gai, alerte, peu farouche, toujours prêt à chanter. Ce gentil oiseau a, dit-on, le caractère français, et César donna le nom de Légion de l'Alouette à un corps de Gaulois adjoint à l'armée romaine, pour son humeur vive et franche.

L'alouette se réjouit dans la clarté et elle monte verticalement, à des hauteurs prodigieuses pour une si petite aile, comme si elle voulait se perdre au fond de l'azur. La lumière l'attire et elle y tend d'un essor infatigable; enivrée de la splendeur du ciel, elle chante à plein gosier son joyeux *tirely*, que Ronsard s'est en vain efforcé de rendre par des onomatopées bizarres, dans sa fameuse chanson, trop vantée par la Pléiade. Il y a longtemps qu'on ne la voit plus, qu'on entend encore sa note vibrante et claire. Puis, bientôt, le point tout à l'heure effacé reparaît, devient plus distinct. Là haut, tout au fond du ciel, près des portes du paradis, où la légende veut qu'elle fasse un bout de causette avec saint Pierre, un souvenir lui vient soudain au cœur et la fait redescendre ici-bas. Elle pense à sa tendre femelle, à ses chers petits, et le désir de se retrouver près d'eux est si vif, qu'elle se laisse tomber comme une balle de plomb; et quand elle a vu que tout va bien, que l'oiseleur n'a pas découvert le nid de la famille, qu'elle a échangé quelques mots avec sa couvée déjà grandelette, elle s'élève de nouveau comme une fusée et reprend son chant avec un entrain inépuisable.

C'est elle, la messagère du matin, que Shakespeare a chargée d'avertir Roméo de l'approche dangereuse du jour; et Juliette a beau dire : « C'est le rossignol qui toutes les nuits chante, là-bas, sur le grenadier, et non l'alouette, » il faut que le beau jeune homme, bien à regret, enjambe le balcon. Mais pourquoi la fille de Capulet, lançant à l'oiseau matinal quelques malédictions d'amoureuse, ajoute-t-elle cette phrase bizarre et mystérieuse : « On dit que l'alouette et le crapaud ont changé d'yeux. Oh! que n'ont-ils aussi changé de voix, puisque cette voix nous arrache effarés l'un à l'autre, et te chasse d'ici par un hourvari matinal. »

A quelle légende populaire ces paroles obscures font-elles allusion? Nous n'avons jamais entendu parler de ce troc d'yeux entre le hideux batracien et le charmant oiseau, et la note de Warburton n'éclaircit pas du tout ce passage singulier.

L'alouette aime la lumière et y vole. L'homme abuse de ce noble élan pour la prendre; il fait étinceler devant elle un piége tournant, constellé de petits fragments de glace. Elle vient, elle accourt, les ailes palpitantes... pour s'y mirer, disent les mauvaises langues, car elle a un peu de coquetterie, sans cela elle ne serait pas si Française; mais c'est une pure calomnie. C'est le rayon qui la fascine; elle y va, comme la nuit elle vole à la flamme qu'on fait perfidement briller.

Étourdie de l'éclat, elle tourbillonne autour du braconnier et tombe sous les coups d'une raquette de bois, faite à peu près comme un battoir. Triste fin pour une si aimable et si gentille cantatrice!

Les pauvres oiseaux ainsi assassinés se vendent au marché sous le nom de mauviettes, — deux bouchées de chair à peine! — Ils ont pour linceul une barde de lard, et la croûte d'un pâté leur sert de tombeau!

Le soleil laisse tomber d'aplomb ses lueurs enflammées. Le jour trop ardent et trop cru éblouit les yeux. Le silence de midi règne dans les campagnes; les oiseaux se taisent et se tiennent à l'abri; c'est à peine si la cigale a la force de répéter son cri strident, tant est lourd l'accablement des heures brûlantes. L'herbe surchauffée luit et glisse sous le pied. Ce qu'il y a de mieux à faire, c'est de retourner à la forêt, par ce vague sentier que les chasseurs appellent « une passée de gibier, » reconnaissable seulement à quelques branches rompues dans le taillis, à quelques brins d'herbe foulés dans le gazon. Suivons-le en toute confiance; il nous mènera plus loin que ne vont les pieds des promeneurs, amis des grandes allées battues et des carrefours de chasse, où s'élève d'ordinaire un obélisque de grès grossièrement taillé et surmonté d'une boule. C'est le sanctuaire même du bois, la forteresse où se retirent les animaux.

Nous voici arrivé, après mille détours, la figure parfois cinglée par les branches que notre passage déplace, les pieds retenus par les racines qui traversent l'étroit sentier comme des couleuvres, à un endroit de la forêt un peu moins touffu, à une espèce de clairière qu'ouvre un ruisseau qui coule à travers le bois, et où viennent

K. Bodmer

les renards, les geais, les pies, les loriots, et toute cette population de poil et de plume qu'alarme l'aspect de l'homme.

Les grands arbres montent droits et pressés, le pied dans la mousse, la cîme dans le ciel, couverts d'un vigoureux feuillage un peu sombre déjà, comme à la fin de l'été, lorsque depuis longtemps les nuances blondes de mai ont disparu, et qu'Octobre prépare sa palette riche en tons d'ocre, de safran et de rouille.

Heure sérieuse et solennelle, où le paysage avec ses verdures poussées au noir, a l'air d'un tableau de Poussin ou de Guaspre, comme on en voit dans les salles à manger d'Italie. C'est le moment du style et des lignes sévères.

Un coup de lumière frappe les éboulements de pierrailles, les chevelures d'herbes, les nœuds de racines qui forment pittoresquement la berge du ruisseau, où le Diogène d'un paysage historique pourrait sans déroger puiser de l'eau avec sa main.

La Nature a quelquefois la fantaisie d'être classique, et ce n'est pas alors qu'elle est le moins belle. 

Des tons d'ocre, tachetés de quelques plaques blanches ou verdâtres dans le déchirement du petit ravin où l'eau glisse parmi les cailloux ; les branches rompues et les feuilles tombées donnent un centre lumineux à ce tableau d'une harmonie un peu sévère. Entre les cîmes brillent d'étroites échappées de ciel, et sous les branches, à travers les insterstices des arbres, glissent des reflets de jour lointain. Sur ce fond de verdure sombre une blancheur de marbre ne messiérait pas, un buste de Pan taillé en gaîne comme un Hermès, et autour duquel les nymphes danseraient en se tenant par la main.

A défaut de cela, sur le haut de la berge, une silhouette bizarre se dessine avec sa tête aux joues minces, presque triangulaire, ses petites cornes et son corps déhanché par les raccourcis de la perspective. Il a l'air à la fois effaré et curieux, cet animal que vous ne définissez pas encore. Il vous a vu, car ses yeux sont meilleurs que les vôtres ; il est intrigué, il voudrait savoir ce que vous êtes venu faire là. Sa poltronnerie naturelle lui conseille de fuir, mais son désir de se renseigner sur « cet individu, » comme dirait Toppfer, l'engage à rester. Malgré sa timidité, il se risque à faire quelques pas en avant, et voilà le chevreuil — il n'est plus permis même à un myope ayant oublié son lorgnon d'en douter — en arrêt sur la crête du ravin. Croyez que le cœur lui bat fort, en

dépit de sa belle contenance, et qu'au moindre bruit une brusque retraite
l'emporterait au fond du bois.

Cependant l'eau qui coule entre vous et lui le rassure, et protégé par ce fossé,
ayant la forêt par derrière, il vous regarde avec assez d'aplomb ; il observe, il
étudie, il détaille cette bête curieuse qu'on appelle un Homme, et qui étonne
toujours les animaux. Il est fâcheux, au point de vue philosophique, que les
bêtes ne puissent pas traduire leurs opinions sur l'espèce humaine en langage
intelligible. On dirait qu'ils sentent la pensée, et cette force inconnue les
inquiète. Peut-être nous méprisent-ils comme des fats pleins de forfanterie, et
répètent-ils en leur idiome le mot de la fable : « Ah ! si les lions savaient
peindre ! »

Puisque le chevreuil ne se gêne pas pour nous examiner des pieds à la tête,
rendons-lui la pareille. Il est là, bien campé, en pleine lumière, dans une excellente pose, ne faisant d'autre mouvement que quelques mutations d'oreille,
et tel qu'un peintre d'animaux pourrait le souhaiter pour en faire une
étude.

C'est un jeune : on le voit au fauve clair de son pelage, qui serait d'un
roux ardent s'il était passé maître broquart, surtout en plein été comme
nous y sommes, car la robe des chevreuils est plus brune l'hiver. Il n'a pas
encore de famille ; il n'entrera sans doute en ménage que l'année prochaine, et
c'est ce qui lui donne ce petit air naïf de jouvenceau.

Les chevreuils, quoiqu'ils se livrent parfois de grandes batailles, à l'époque
des amours, pour conquérir les chevrettes, — comme ces chevaliers du moyen
âge qui n'obtenaient la main de leur belle qu'après avoir désarçonné tous les
prétendants en champ clos, — les chevreuils, disons-nous, sont de mœurs
douces, pacifiques et patriarcales. Une fois formés, les couples ne se
désunissent jamais ; si l'un des conjoints meurt ou est tué, l'autre ne survit
guère. Les petits restent attachés à leurs parents, chose étonnante ! même
lorsqu'ils n'en ont plus besoin, et ils ne font pas bande à part dès que les
cornes leur ont poussé. Il n'est pas rare de rencontrer des hardes formées de
trois générations, qui semblent obéir à l'aïeul.

On a beaucoup célébré la douceur et l'éclat des yeux de gazelle. C'est un lieu
commun de la poésie orientale. Les yeux de chevreuil, qui n'ont jamais servi
d'objet de comparaison, n'en sont pas moins charmants, et fourniraient aux

rimeurs d'Occident des images plus neuves. Ils sont noirs et brillants, d'une expression sympathique, et de plus ils possèdent le don des larmes, ce qui les rend presque humains.

Le chevreuil est une bête élégante, svelte, bien découplée, aux jambes fines et menues, qui porte bien sa tête, et dont le malheur est de fournir une excellente venaison, supérieure à celle du cerf et du daim. Aussi le pauvre animal est-il le point de mire des chasseurs, et aura-t-il bientôt disparu, si l'on n'y prend garde. Plus rapide que le cerf, doué d'autant de fond que le loup, le chevreuil est presque impossible à forcer. Il part, mais après un premier élan, il s'arrête et regarde venir le chien, par suite de cet instinct de curiosité dont nous parlions tout à l'heure. Il compte sur la vitesse de ses pieds, et l'espace intermédiaire qu'il agrandira d'un bond le rassure. Cela l'amuse de voir le basset se frayer péniblement un chemin à travers les herbes et les broussailles, et de l'entendre clabauder. On pourrait même croire qu'il oublie la présence de l'ennemi; il joue, se gratte l'oreille du pied, se met à brouter comme s'il était seul; cependant, du coin de l'œil, il observe la marche lente de l'animal à pattes torses, et quand il le juge trop rapproché, il a bientôt rétabli l'intervalle et recommence son manége; mais le jeu finit par lui être fatal. Ce basset qu'il méprise le distrait du chasseur, et un coup de fusil bien ajusté change la comédie en drame.

C'est ainsi que périssent la plupart des chevreuils.

« Aucune bête de nos forêts, dit Toussenel, ce grand chasseur devant Dieu et devant Fourier, qui en sait plus sur les mœurs des animaux que tous les naturalistes, n'entend mieux que le chevreuil le principe de charité et de solidarité. Le chevreuil, persécuté par les chiens, n'a pas besoin, comme le cerf et le daim, d'employer la violence pour faire bondir le change. Le change vient de lui-même s'offrir pour concourir au salut de la bête poursuivie, et c'est merveille de voir comment tous ces charmants coureurs s'entendent pour créer des embarras à la meute. Imitez avec un appeau le cri du petit chevreuil en détresse, et toutes les chevrettes accourent pour lui prêter assistance. On rougit presque pour l'homme, en pensant qu'il existe des assassins sans entrailles qui profitent odieusement de cet instinct de charité maternelle. » Cela est fort bien; mais combien de meurtres de chevreuils avez-vous sur la conscience, spirituel Mercutio du phalanstère? Les brahmes, qui poussent le respect de la vie si loin qu'ils se voilent la bouche d'une gaze, de peur d'avaler, par mégarde, un moucheron et de causer ainsi la mort d'un être, seraient-ils dans le vrai? Ils nous attendrissent du moins par cette puérilité touchante de pitié au milieu du massacre général.

Rien de plus innocent que le chevreuil; il ne dévaste pas, comme le cerf, les champs voisins de la forêt; il ne fouille pas le sol pour déterrer les pommes de terre. Ses plus grands méfaits consistent à tondre, dans les prés, peut-être un peu plus que la largeur de sa langue, et à brouter quelques pousses de jeune blé. Il se nourrit de glands, de faînes et principalement de bourgeons d'arbres et d'arbrisseaux. Cette frugalité ne l'empêche pas d'être friand de truffes. Il les subodore, à travers le sol, au pied des chênes autour desquels voltigent les tipules, et il les amène à la surface en se servant de ses pieds comme le porc de son groin.

Mais s'il est des êtres inoffensifs dont la vie ne coûte rien à personne, il en est d'éminemment et de gratuitement nuisibles en apparence, comme la sauterelle à coutelas, que voilà assise sur une touffe d'herbe, prête à se lancer en l'air par le puissant ressort de ses longues pattes de derrière repliées, et à porter partout le ravage. Ces terribles faucheuses rasent un champ de blé en quelques minutes, et dépouillent presque instantanément un arbre de son feuillage. Où elles passent, elles font l'hiver; il ne reste pas une feuille verte sur la campagne. Si elles étaient solitaires, on ne s'apercevrait guère de leurs dégâts. Mais elles s'attroupent, elles se coalisent, elles forment des armées, elles se nomment Légions, comme les démons de la Bible. Et c'est alors qu'elles répandent autour d'elles la désolation, en réduisant à l'état de squelette la végétation la plus luxuriante.

D'où viennent ces voraces? Personne ne pourrait le dire au juste. On sait seulement qu'elles sont surtout chez elles en Orient : le pays de la peste, voilà leur patrie. Cela nous donne à penser qu'elles descendent probablement, en ligne directe, de celles que fit naître Moïse en étendant sa verge sur la terre d'Égypte, de ces sauterelles qui, comme nous l'apprend l'Exode, « couvrirent toute la surface de la terre, mangèrent toute l'herbe et dévorèrent tout ce qui se trouvait de fruit sur les arbres. » Ce qu'il y a de certain, c'est que cette plaie d'Égypte, ouvrage du Dieu des Hébreux, opérant par l'intermédiaire de Moïse et d'Aaron, n'a jamais eu de fin : elle dure encore aujourd'hui ; elle s'est propagée dans les régions qui avoisinent la vallée du Nil ; elle s'est étendue dans toutes les directions de l'Afrique, comme le choléra.

Cependant, les anachorètes de la Thébaïde firent des sauterelles le mets fondamental de leur cuisine. Saint Jean au désert s'en régalait les jours gras. Les Arabes les mettent confire dans une espèce de saumure vinaigrée : faible compensation des disettes qu'elles produisent.

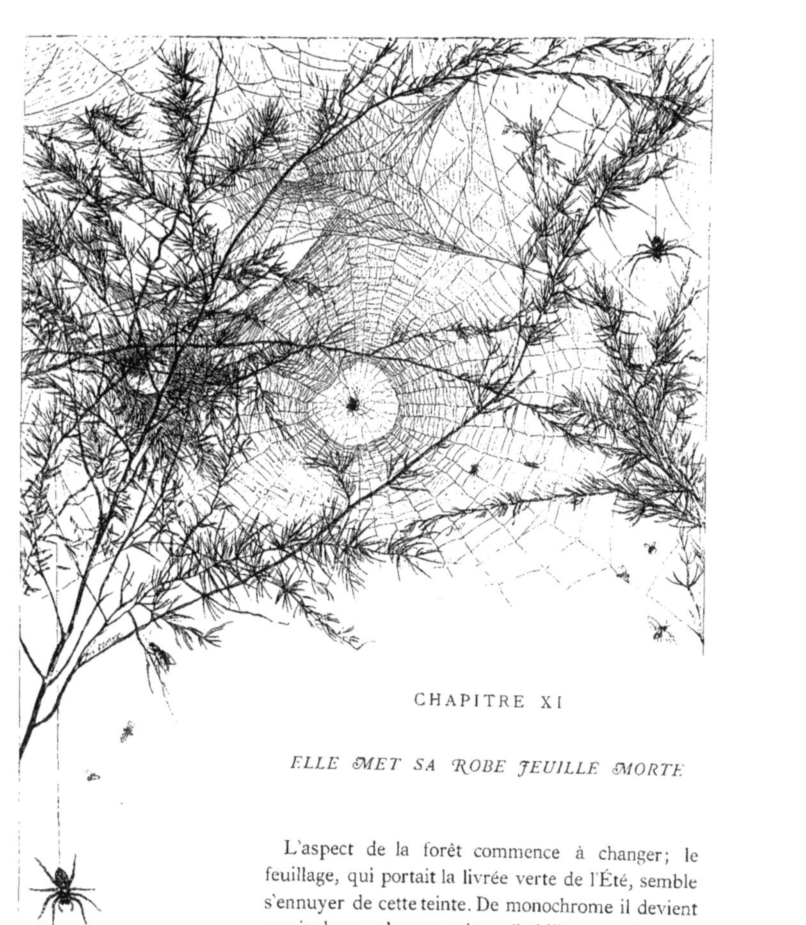

CHAPITRE XI

ELLE MET SA ROBE FEUILLE MORTE

L'aspect de la forêt commence à changer; le feuillage, qui portait la livrée verte de l'Été, semble s'ennuyer de cette teinte. De monochrome il devient versicolore; chaque arbre s'habille à sa façon et témoigne ainsi de son indépendance : les tons se

réchauffent et prennent la richesse de la maturité. Toute une gamme de
jaunes variés s'étale sur la palette de la Nature. Les reflets du couchant
paraissent se fixer sur les feuilles. Les unes ont des nuances d'or, les autres
des colorations de safran; celles-ci rougissent, celles-là sont frottées de
bitume comme une esquisse de Rembrandt. Le vert, qui naguère dominait,
s'efface peu à peu. Il ne reste que le vert noir des sapins, immua-
blement triste, et sur lequel les évolutions de l'année ne sauraient agir. Déjà
quelques feuilles détachées montent, descendent et voltigent, comme les
paillettes d'or dans l'eau-de-vie de Dantzick. C'est l'époque qui convient le
mieux aux peintres, et que préférait à toutes Théodore Rousseau, le grand
paysagiste romantique. En prenant la Nature à ce moment-là, les artistes
évitent de servir au Salon ces plats d'épinards, éternels sujets de plaisanterie
des philistins, qui n'ont pas remarqué que les arbres étaient absolument verts
tout le printemps et une bonne partie de l'été.

Il en est de l'Automne comme des littératures de décadence : le charme
printanier est depuis longtemps évanoui; mais n'existe-t-il pas encore une
séduction pénétrante et mélancolique, dans cette beauté mûrissante qui va se
faner et disparaître? Comme nous le disions à propos du style de Baudelaire :
Le couchant n'a-t-il pas sa splendeur comme le matin? Ces rouges de cuivre,
ces ors verts, ces tons de turquoise se fondant avec le saphir, toutes ces
teintes qui brûlent et se décomposent dans le grand incendie final; ces nuages,
aux formes étranges et monstrueuses, que des jets de lumière pénètrent et qui
semblent l'écroulement gigantesque d'une Babel aérienne, valent bien la pâleur
rosée de l'aurore, dont nous admirons, plus que personne, la candeur virginale;
mais ce couchant non plus n'est pas à mépriser.

La Nature, au printemps, était une jeune ingénue; une robe blanche, une
ceinture rose, quelques fleurs dans les cheveux suffisaient à la parer. Pendant
l'Été, c'était une femme dans tout l'épanouissement de sa beauté féconde;
sa grâce, un peu frêle et juvénile d'abord, avait pris des contours plus
soutenus, plus arrondis. Une toilette plus riche lui allait bien; elle pouvait
mêler à sa couronne des fleurs d'un coloris plus éclatant, d'un parfum plus
fort, et même quelques fruits dorés par le soleil. Elle était assez belle pour
braver la grande lumière, et les bals en plein jour ne l'effrayaient pas.

Maintenant, sans doute, elle a conservé encore beaucoup de ses charmes;

elle est belle toujours et on peut l'aimer. Mais déjà quelques signes de fatigue se manifestent sur son noble visage; les tempes s'attendrissent ; les petites veines bleues y paraissent davantage; l'œil, un peu meurtri, a moins d'éclat et plus de pensée; la bouche sourit, mais d'un sourire triste et plein de pressentiment. Comme une femme qui sait que demain il sera trop tard pour aimer, elle est à la fois plus grave et plus tendre, et reçoit ses adorateurs persévérants avec une sorte de reconnaissance mélancolique. Symptôme alarmant! Elle reste bien plus longtemps à sa toilette qu'autrefois; sa chevelure, si abondante naguère, et que d'un mouvement superbe elle secouait sur ses épaules nues, a besoin aujourd'hui de quelque artifice. Des pampres de velours déjà rougissants, des raisins aux grains d'ambre et d'améthyste masquent à propos quelques places un peu éclaircies. Il lui faut des robes aux plis puissants, en étoffes somptueuses : des brocarts d'or ramagés de noir, des velours tannés, des satins feuille-morte, des guipures de Venise, de lourds bracelets à ses bras d'un plein contour, des diamants et des bijoux anciens sur sa riche poitrine, d'une blancheur dorée comme un tableau de Titien ou de Giorgione. Elle est plus belle le soir que le matin, comme toutes les femmes sur le retour, et le couchant, avec son incendie de couleurs, redonne de la vie à sa figure pâle.

Hélas! bientôt la neige va tomber sur ces cheveux si lustrés encore. Les mauvais jours approchent, les nuages s'amassent au ciel, les brouillards montent de la terre; mais parfois le soleil reprend le dessus. L'air, tout à coup, s'attiédit; il semble que l'Été va renaître, et la Nature retrouve un jeune sourire; sa beauté lui revient plus touchante et plus passionnée.

Sachons jouir en poète de ces retours qui retardent le déclin. N'abandonnons pas celle qui nous a fait tant de moments heureux. Allons lui rendre visite, ou tout au moins mettre notre carte cornée à sa porte. Ne nous hâtons pas de retourner à la ville, parmi la fange, la fumée, la pluie, les pestilences de toutes sortes.

Un air vif et frais a balayé les nuages, et les arbres de la route détachent leur feuillage rose d'un ciel qui a le bleu de turquoise du vieux Sèvres pâte tendre. La journée sera superbe, et le sentiment du mauvais temps prochain la rend plus agréable encore.

Les filandières matinales ont activement travaillé; tout le pré qui

[...]auté [est] couvert d'une immense gaze diamantée, suspendue aux pointes
[...]ne [p]ar des fils aériens. Titania, voulant séduire Obéron et se faire
donner ce jeune page, sujet de leur querelle, trouverait là des falbalas en
dentelles d'argent pour sa robe de clair de lune, d'un effet irrésistible et
miraculeux. Ces industrieuses araignées des champs, quoiqu'elles ne puissent
connaître les modes de Paris, sont dignes de fournir le vestiaire des acteurs
fantastiques qui jouent dans le *Songe d'une nuit d'été*. Jamais danseuse,
soulevant sous le jet de la lumière électrique la pluie de paillettes de sa
jupe, ne trouva de tarlatane plus légère et plus transparente pour montrer,
comme à travers une vapeur blanche, ses formes voluptueuses moulées par
le maillot rose. Et pourtant, tout ce luxe, toute cette féerie, tout ce travail
immense n'ont d'autre but que d'attraper quelques misérables moucherons à
demi-transis par le froid du matin. Ces pauvres ouvrières, mesquinement
vêtues d'une robe grise, ont grand'faim dès l'aube, car elles ont passé la nuit
à l'ouvrage, sans être payées double, et il faut qu'elles fournissent leur fil! ce
fil, dévidé d'elles-mêmes, dont la bobine est dans leur ventre, et qui épuise
leur vie si elles ne mangent pas. Que de mètres dépensés pour ourdir ces
tissus délicats qui s'étendent sur des arpents de prairie !

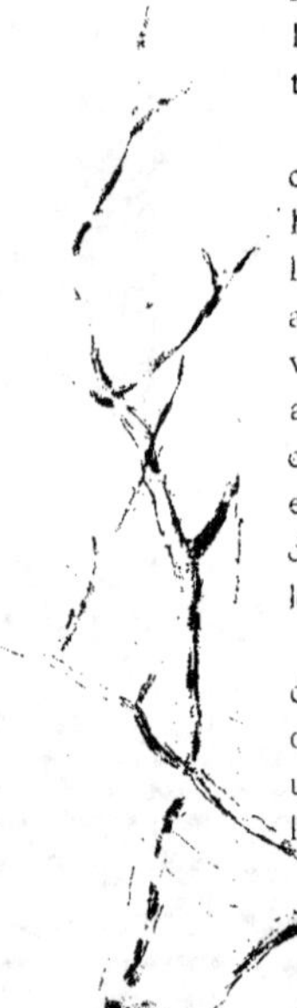

Dans l'air flottent, soyeux, légers, plus blancs que l'argent et que la neige,
ces longs filaments que le vent balance et promène. On les appelle Fils de
la Vierge, et une poétique légende populaire veut qu'ils soient échappés de
la quenouille de la Mère céleste, occupée à filer pour faire des chemises
aux petites âmes nues des enfants pauvres. Cette explication nous paraît très-
vraisemblable et nous l'acceptons volontiers. Des savants prétendent qu'il faut
attribuer ces fils à une bourre cotonneuse détachée de certains arbres et
cardée par le vent. D'autres, mieux inspirés, y voient l'ouvrage d'une
espèce d'araignées. Toujours est-il que ces fils couleur de neige sont un signal
de beau temps. On ne les voit se dérouler que lorsque le soleil luit et que
le ciel est pur.

En Automne, il ne faut compter sur rien : les journées, belles le matin,
deviennent laides le soir, comme ces petites filles, jolies comme des anges à sept
ou huit ans, qui font plus tard d'assez vilaines femmes. Le ciel s'est brouillé ;
un petit nuage noir, grognon et bossu, qui se refrognait dans un coin de
l'horizon, s'est développé sournoisement ; comme une outre aplatie dans

laquelle on souffle, il s'est gonflé démesurément. Le voilà énorme, hydropique à crever, et il va verser ses seaux d'eau sur la campagne. Le vent de l'est est sauté à l'ouest, et des haleines humides semblent sortir de la poitrine de l'océan lointain.

Un murmure pareil au bruit confus des grandes eaux court sur la cîme de la forêt, dont les arbres secoués s'entrechoquent avec des craquements et des plaintes sourdes qui ont comme une expression de douleur humaine. Tous les méchants oiseaux qui aiment la tempête se réjouissent et poussent des cris discords. Le geai garrule ; la pie sautèle et ragache ; le corbeau, quittant sa gravité de croquemort, danse gauchement, comme un bouffon sinistre, et croasse de sa voix enrhumée.

Cherchons un abri sous ce chêne. Nous n'avons pas le temps de regagner la ville, et déjà la pluie tombe à larges gouttes. Le géant séculaire nous abritera sous le toit de ses feuilles, qui se rejettent l'eau comme des tuiles superposées. Nous pourrions même entrer dans la large crevasse de son tronc, guérite naturelle où les pâtres et les braconniers se réfugient, et parfois même allument du feu, comme le témoigne cette longue cicatrice noire à l'intérieur de l'arbre, qui depuis longtemps ne vit que par l'écorce. Cela suffit pour qu'il puise au sein de la terre la séve vigoureuse qui le soutient. De tels vieillards durent plus que leurs fils.

Nous voilà ainsi installé comme un saint dans sa niche, immobile, pensif, vaguement occupé de ces rêveries confuses qu'inspire la réclusion imposée par la pluie, quand on est obligé, au milieu des champs ou des bois, de chercher un refuge contre l'averse imprévue et soudaine. Les images du passé reviennent et se déroulent derrière ce rideau de fils que la pluie fait tomber du ciel sur terre, et qui rappelle l'ancien spectacle de Séraphin, où un rideau semblable s'abaissait entre le théâtre et le naïf public pour dérober aux yeux les ficelles des marionnettes.

Quelle procession de pantins désolés ! pourrait-on dire comme Alfred de Musset, dans cette charmante pièce adressée à la Paresse. Que de figures, trouvées autrefois adorables, vous semblent aujourd'hui laides et maussades ; comme elles ont changé, et comme on change soi-même !...

La pluie tombe toujours, faisant sur les feuilles un pétillement de grêle, rejaillissant de tous côtés et lançant des éclaboussures. Les branches trop

chargées d'eau plient, se secouent et la déversent sur les herbes, entre lesquelles
s'établissent mille petits courants qui sont des Niagaras aux fourmis. Ce
serait le moment de composer un sonnet sur des rimes difficiles et rares,
car il est impossible de faire autre chose par la pluie dans le creux d'un chêne.

Mais quel est ce bruit de broussailles froissées, de pierres qui roulent, de
sabots qui piétinent, entremêlé de cliquetis et de grognements? On dirait un
corps de cavalerie chargeant un ennemi invisible; ou le *chasseur sauvage* des
ballades allemandes, si bien peint par Henneberg, traverserait-il la forêt au
galop?

Les broussailles s'écartent, et toute une troupe de sangliers débouche
bruyamment sur une petite clairière hérissée de roches et de ronces, où déjà
la pluie a formé des flaques de boue. Heureusement, ils ne nous ont pas vu;
à l'automne surtout, ces messieurs ont le caractère mal fait et l'humeur tant
soit peu farouche. Le gland abonde, et le gland agit sur eux comme l'avoine
sur les chevaux: il leur donne du feu, de la vigueur et leur cause une sorte
d'ivresse qui les rend prompts à chercher querelle. Il y a le père, un *quartan*
robuste et monstrueux, pesant deux cents kilogrammes, et qui doit descendre
en droite ligne du sanglier de Calydon, capturé par Méléagre. Les défenses qui
lui rebroussent la lèvre ont l'air de croissants de lune, et le plus élégant cavalier
de la tribu des Hadjoutes serait heureux de les suspendre au poitrail de son
cheval, en manière d'ornement. Il les repasse sur les grais (on appelle ainsi
les crocs supérieurs) avec un cliquetis de castagnettes assez formidable, qui ne
rappelle nullement la *cachucha* ou le *zapateado*. Sa hure bestiale n'est pas
dépourvue d'une certaine majesté. Le terrible empêche le grotesque. La laie
est une matrone de forte encolure, féconde comme une mère Gigogne, qui
bougonne et grommelle assez maussadement. Elle n'est pas si bien armée que
son époux; mais si elle ne peut *découdre*, elle sait très-bien porter des coups
de boutoir et mordre.

Quant aux marcassins, ils sont d'une gaieté folâtre. La pluie les amuse consi-
dérablement; ils barbotent et se vautrent dans les flaques, se cuirassent de
boue avec une satisfaction évidente. Ce cosmétique primitif convient à leur
cuir hérissé de soies. Ils jouent ensemble, se heurtent et poussent de petits
grognements voluptueux. L'un d'eux s'est renversé sur le dos, comme en
extase; un autre redresse sa hure et tâche de mordre au passage un filet de

pluie ; comme un paysan d'Espagne, il essaie de boire à la régalade. Le tableau est comique, mais la moindre imprudence pourrait le rendre tragique.

Le sanglier charge avec une impétuosité aveugle contre tout ce qui se présente. C'est une boule noire qui roule et se précipite, culbutant tout devant elle. Si vous n'avez pas le temps de vous détourner et de gagner un asile, votre vie court de grands risques ; les défenses du sanglier, quand elles ne sont pas *mirées* par l'âge, coupent comme le meilleur rasoir de Sheffield, ou le sabre affilé dont les Japonais s'ouvrent le ventre. D'un coup de boutoir le sanglier lance en l'air les chiens décousus, et les garçons de cirque ne sont pas là pour les recevoir avec cette attitude affectueuse qu'ils avaient dans l'ancienne affiche de la barrière du Combat. Il est inutile de dire qu'il ne se gêne pas pour traiter le chasseur qui l'a manqué de la même manière.

Enfin, après s'être bien roulés dans la boue et avoir savouré à leur aise les voluptés de la pluie, les sangliers se retirent, allant prendre leurs ébats ou retournant à leur fort dans une autre partie de la forêt. Le bruit des branches qu'ils rompent dans le taillis se prolonge encore quelque temps, et l'on n'entend plus que les gouttes d'eau qui glissent des feuilles de moins en moins nombreuses ; la pluie a cessé, et nous pouvons regagner notre gîte. Nous sommes bien mouillé encore. Les arbres s'agitent et frissonnent comme des chiens qui sortent de l'eau éclaboussant tout à la ronde.

Des feuillages, des herbes et des plantes mouillés s'exhale une senteur pénétrante. La vie végétale se ranime ; le monde des insectes fourmille et bourdonne. Les animaux quittent leurs retraites et reprennent leurs occupations interrompues. Quelques gazouillements d'oiseaux se font entendre.

Au pied des arbres, sur le bord des sentiers, les champignons, qui se sont moqués de la pluie sous leurs larges chapeaux, se montrent pareils à des Kobolds, entre la mousse et les mauvaises herbes : les uns, honnêtes champignons faits pour figurer dans les tourtes et les godiveaux ; les autres, champignons scélérats, dignes d'être cueillis par Locuste pour le souper de Britannicus, empoisonneurs plus subtils que César Borgia ou qu'Exili, l'amant de la Brinvilliers, valant l'acqua-tofana et le curare pour expédier dans l'autre monde un oncle à succession ou un mari gênant ; la fausse oronge, l'amanite et tant d'autres, que l'on croit connaître et qui trompent les plus habiles.

Sur la large ombelle d'un de ces cryptogames se traînent, agitant leurs

tentacules, des loches, hideuses limaces semblables à un escargot auquel on
aurait arraché sa coquille. De leur bave gluante elles argentent la pulpe
immonde du champignon, qu'elles rongent lentement. Elles se gorgent à loisir
de poison. Le vénéneux est sain pour l'immonde. Nous les écraserions bien
sous la semelle de notre botte, mais sentir s'écraser flasquement cette chose
molle, gluante, quelle horreur et quel dégoût! Et puis, qui sait? ces limaces
accomplissent peut-être une mission; elles débarrassent et purgent la forêt de
cette oronge perfide qu'aurait pu ramasser un enfant. Elles vident la boîte à
poisons de la Nature!

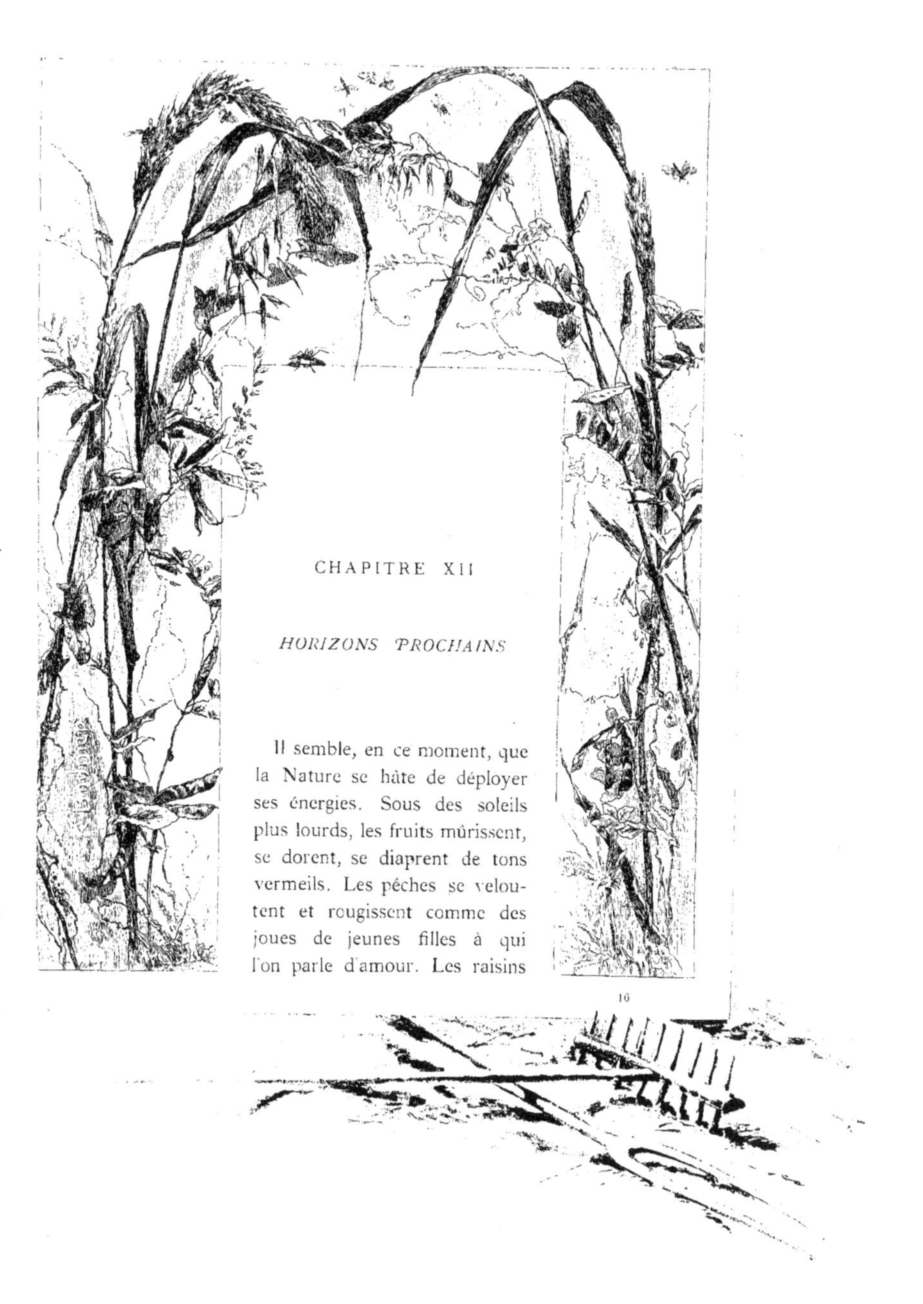

CHAPITRE XII

HORIZONS PROCHAINS

Il semble, en ce moment, que
la Nature se hâte de déployer
ses énergies. Sous des soleils
plus lourds, les fruits mûrissent,
se dorent, se diaprent de tons
vermeils. Les pêches se velou-
tent et rougissent comme des
joues de jeunes filles à qui
l'on parle d'amour. Les raisins

verts, sous les pampres éclaircis, prennent des transparences d'ambre ou
d'améthyste. L'églantier, dont la petite rose a disparu depuis longtemps,
s'orne de ses jolis boutons de corail auxquels, nous ne savons pourquoi, la
langue populaire donne un nom si disgracieux. Les sorbiers étalent leurs
corymbes de baies rouges si aimées des oiseaux. Ce n'est plus la beauté
du Printemps, ni la vigueur de l'Été ; mais bien l'âge mûr. Les promesses
des premiers mois sont fidèlement tenues. La graine, devenue fleur, a
donné son fruit. Tout ce qui a été semé se recueille.

Déjà les lourds chariots, traînés par des bœufs, ont ramené les gerbes
dans les granges, et, sous les coups cadencés du fléau, le grain a été
séparé de la paille. Les champs, dépouillés de leur parure d'or, ressemblent,
avec leurs sillons nus, à des pièces d'étoffe brune rayée de noir. Ils ont rendu
à gros intérêts ce que la main du semeur, s'ouvrant dans la pâleur de l'aurore
ou la rougeur du soir, leur avait prêté autrefois.

Les oiseaux vont et viennent, fendant joyeusement l'air dans toutes les
directions. Ils n'ont plus le souci de leur couvée, et se donnent du bon temps
sans remords, comme des pères de famille dont les enfants sont placés. A tous
les buissons pendent des mûres, des graines et des baies de toutes sortes. Des
myriades de cousins, de mouches, d'insectes, que fait pulluler l'humidité
chaude de la saison, leur offrent de nombreux régals, une carte variée de
mets friands. Aussi engraissent-ils comme des financiers, et prennent-ils,
malgré leurs ailes, cette majestueuse obésité de la quarantaine qu'admirait
Brillat-Savarin. Les ortolans, les becfigues, les cailles, semblent vouloir
tenter le fusil du chasseur, ou s'adapter eux-mêmes cette bande de lard
qui doit les envelopper à la broche. Il est passé, le temps des chansons et
des amours, de la jeune maigreur et des équipées romanesques.

L'époque des vendanges approche. Dans les villages, le maillet du tonnelier
retentit gaiement sur les cercles qui maintiennent les douves. On recherche
les vieux tonneaux vides, on les remplit d'eau pour s'assurer qu'ils ne fuient
pas et en réparer le bois. On graisse la vis des pressoirs, on nettoie les corbeilles
et les hottes qui doivent servir à la cueillette et au transport du raisin. Les
propriétaires de vignobles rassemblent, enrégimentent, vendangeurs et vendan-
geuses. Les ménagères apprêtent les larges terrines de soupe fumante, et sur
la pente des coteaux, parmi les pampres et les échalas, on voit briller quelque

jupe rouge, quelque carreau bleu, quelque chemise blanche qui fourmillent activement autour des ceps.

Au-dessus des vignes, sans prendre garde au plomb du chasseur, tourbillonnent les grives ivres de raisin.

De la terre, moite des abondantes rosées de la nuit, s'élèvent des fumées et des brouillards qui, parfois, se résolvent en pluie fine, et que le plus souvent absorbe le soleil plus haut monté sur l'horizon. Le ciel se débarbouille de ses nuances grises, et devient d'un joli bleu un peu froid, où courent deux ou trois légers nuages, et sur lequel se détache en rose la file des sveltes peupliers qui bordent le chemin.

On voit encore voltiger çà et là quelques papillons blancs tardifs, se poursuivant pour conclure leurs noces, car ils n'ont plus que bien peu de jours à vivre, et de longs fils de la Vierge viennent se suspendre à vos habits.

La forêt a changé de couleur. On ne se plaindra plus de l'uniformité de sa verdure, qui n'existe, d'ailleurs, que pour les yeux inattentifs, car le vert d'aucun arbre n'est pareil. A mesure que le froid approche, une chaleur de ton se déclare parmi les feuillages, comme s'ils voulaient retenir le soleil qui s'en va. C'est la magnificence du couchant comparée à la splendeur blanche de midi. Tout prend une intensité, une vigueur et un éclat incomparables, comme dans la fournaise du crépuscule les couleurs s'incendient et se décomposent en brûlant, de manière à produire des effets d'une richesse éblouissante. En se retirant, la séve laisse les feuilles se revêtir des nuances les plus variées, dans cette gamme opulente et chaude qui plaît tant aux artistes, moins sensibles peut-être aux bouquets blancs et roses du Printemps qu'à la fauve couronne de feuilles mortes de l'Automne.

Si l'on regarde la vaste forêt qui s'étend sur la pente de la colline, on est frappé de cette transformation d'aspect causée par quelques matinées froides, où la gelée blanche suspend ses petites perles aux pointes des herbes et dans les mailles des filets d'araignée. Sur un chaud frottis de bitume à la Rembrandt, la Nature fait du feuillé avec des tons de topaze, d'or rouge, d'or pâle, de jaune ocreux, de terre de Sienne, de cuivre rouge; quelquefois elle pousse l'audace jusqu'à esquisser sur un fond sombre de sapins ou de noires verdures persistantes, un arbre au feuillage écarlate: insolence de coloriste qui lui réussit toujours. L'immense voûte formée par le sommet des arbres s'étend jusqu'à l'horizon, fauve et rutilante, légèrement brûlée dans les parties que la lumière n'atteint pas, semblant offrir des défis à la palette, surtout lorsqu'un oblique rayon de soleil fait étinceler comme une écume d'or la cime des vagues de feuillage.

De loin en loin s'élèvent des fumées bleuâtres, pareilles à celles des holocaustes antiques, produites par les feux d'herbes sèches que font brûler les paysans. Dans le silence un aboi se fait entendre; un coup de feu retentit : c'est quelque braconnier à la poursuite d'un chevreuil.

Si l'on pénètre dans la forêt, le spectacle n'est pas moins splendide. Les feuilles tombées étalent sous vos pieds leur tapis de velours roux, épais et moëlleux, où pointent les champignons comestibles ou vénéneux, comme des kobolds coiffés de leurs petits chapeaux. Ces branches au feuillage jaune déchiqueté laissent voir le bleu du ciel, et rappellent une étoffe de damas broché d'or et d'azur.

Vous marchez, un bruit vous fait tressaillir : c'est un gland qui tombe du haut d'un chêne, espoir de la forêt future, et s'enfonce dans cette molle litière pour aller chercher la terre nourrie, d'où il ressortira, au bout de quelques années, frêle arbuste, et plus tard chêne géant à son tour, et capable de fournir sa membrure au vaisseau, sa poutre à l'édifice et sa douve au vin qui réjouit le cœur de l'homme, solide, robuste, incorruptible. La faîne abandonne aussi la branche du hêtre; les bouleaux laissent échapper leur graine mûre, le sapin secoue ses pommes écaillées, et dans cette saison qui semble annoncer la mort tout prépare la vie.

En bonne ménagère, la Nature fait ses provisions pour la saison stérile. Elle emmagasine ses fruits, les range dans ses greniers, sur des planches, chacun suivant son espèce. Elle suspend les uns à des fils, donne aux autres une couche de paille, recouvre ceux-ci d'une natte, laisse ceux-là à l'air libre. Personne ne s'entend comme elle à conserver les pommes, les poires, les abricots, les raisins d'une saison à l'autre, sans avoir besoin d'en faire des confitures ou du raisiné. Comme elle est active, comme elle travaille, en ce moment même où l'on croit qu'elle se repose à jouir tranquillement de l'aisance acquise! Mais ce sont les jeunes évaporées, les mariées qui n'entendent rien encore au ménage qui se conduisent ainsi. La Nature, quoique toujours jeune, n'est pas née d'hier. Elle a de l'expérience, et sait qu'il ne faut pas

manger son capital. Elle prévoit que la saison prochaine amènera des besoins nouveaux, et elle s'arrange en conséquence.

Comme une mère prudente qui ne garde pas, en temps de disette, tous ses enfants auprès d'elle et en envoie un certain nombre chez des parents éloignés qui habitent des pays plus fertiles, la Nature conseille à ceux qui ont des ailes d'aller hiverner dans des climats moins rigoureux, ou dont la froide saison ne coïncide pas avec la nôtre. Les grues, les cigognes, les canards, les oies sauvages, les cailles, les bécasses, quoiqu'elles ne soient guère spirituelles, ont compris à demi-mot ce que leur disait cette prévoyante maîtresse de maison. Elles se rassemblent et se préparent à l'émigration. Des bandes immenses de palombes, capables de couvrir le ciel comme des nuages, se précipitent vers les gorges des Pyrénées, où les attendent les oiseaux de proie, les filets et les chasseurs, qui ne parviennent pas, malgré un long massacre, à arrêter leur essor et à diminuer leur nombre. Le pauvre petit rossignol, audacieux et insouciant comme un artiste, parvient à franchir l'Alpe neigeuse, et s'en va chanter dans les jardins de Vérone, sous le balcon de Juliette. Il gagnera sa vie dans ce pays de virtuoses. Mais quoi! les hirondelles, qui connaissent le temps comme des augures et lisent dans le ciel à livre ouvert, continuent à pousser leurs cris joyeux autour des cheminées, à raser le sol d'un éclair rapide en happant les moucherons encore nombreux! On dirait qu'elles ont oublié leurs habitudes voyageuses. Cependant, un certain jour, qui ne diffère en rien des autres aux yeux myopes de l'homme, une inquiétude soudaine, que rien ne semble motiver, s'empare de la tribu. C'est un caquetage perpétuel entre les petites sœurs à robe noire et à guimpe blanche, et voilà ce qu'elles se disent, comme l'a raconté dans ses vers un poète de nos amis, qui entend le langage des oiseaux comme Démocrite, Dupont de Nemours, ou l'Erylangus du beau *Pécopin*.

> Déjà plus d'une feuille sèche
> Parsème les gazons jaunis ;
> Soir et matin, la bise est fraîche,
> Hélas! les beaux jours sont finis!

On voit s'ouvrir les fleurs que garde
Le jardin, pour dernier trésor.
Le dahlia met sa cocarde
Et le souci sa toque d'or.

La pluie au bassin fait des bulles ;
Les hirondelles sur le toit
Tiennent des conciliabules ;
Voici l'hiver, voici le froid !

Elles s'assemblent par centaines
Se concertant pour le départ.
L'une dit : « Oh ! que dans Athènes
Il fait bon sur le vieux rempart !

« Tous les ans j'y vais, et je niche
Aux métopes du Parthénon.
Mon nid bouche dans la corniche
Le trou d'un boulet de canon. »

L'autre : « J'ai ma petite chambre
A Smyrne, au plafond d'un café.
Les Hadjis comptent leurs grains d'ambre
Sur le seuil d'un rayon chauffé.

« J'entre et je sors, accoutumée
Aux blondes vapeurs des chiboucks,
Et, parmi des flots de fumée
Je rase turbans et tarbouchs. »

Celle-ci : « J'habite un triglyphe
Au fronton d'un temple, à Balbeck.
Je m'y suspends avec ma griffe
Sur mes petits au large bec. »

Celle-là : « Voici mon adresse :
Rhode, palais des Chevaliers ;
Chaque hiver ma tente s'y dresse
Au chapiteau des noirs piliers. »

La cinquième : « Je ferai halte,
Car l'âge m'alourdit un peu,
Aux blanches terrasses de Malte,
Entre l'eau bleue et le ciel bleu. »

La sixième : « Qu'on est à l'aise
Au Caire, en haut des minarets !
J'empâte un ornement de glaise,
Et mes quartiers d'hiver sont prêts. »

« A la seconde cataracte,
Fait la dernière, j'ai mon nid ;
J'en ai noté la place exacte
Dans le pschent d'un roi de granit. »

Toutes : « Demain, combien de lieues
Auront filé sous notre essaim ;
Plaines brunes, pics blancs, mers bleues
Brodant d'écume leur bassin ? »

Avec cris et battements d'ailes,
Sur la moulure aux bords étroits,
Ainsi jasent les hirondelles
Voyant venir la rouille au bois.

Je comprends tout ce qu'elles disent,
Car le poète est un oiseau ;
Mais, captif, ses élans se brisent
Contre un invisible réseau !

> Des ailes ! des ailes ! des ailes !
> Comme dans le chant de Ruckert,
> Pour voler là-bas avec elles
> Au soleil d'or, au printemps vert !

La veille, on les voyait tourbillonner par milliers avec une agitation extraordinaire ; le lendemain, on n'en voit plus une. Elles sont déjà bien loin, les rapides voyageuses qui défient tous les moyens de vélocité de l'homme, locomotives et bateaux à vapeur, et que l'électricité seule peut devancer. Il était temps ; la mauvaise saison se déclare tout à coup. Les vents se déchaînent, les nuages crèvent, et la tempête secoue les arbres comme pour en faire tomber les feuilles couleur de safran et rougies par le givre du matin. Les insectes, sentant qu'ils vont mourir, s'occupent activement de la génération future de leurs enfants, qu'ils ne doivent jamais voir, et qui, ne connaissant pas leurs parents, pourront se croire les fils directs de la terre. Admirable sollicitude, maternité désintéressée qui n'aura pas sa récompense ! Ils enfouissent leurs œufs dans le milieu le plus favorable, avec une étonnante sûreté, dans le bois, dans la terre, dans l'eau, dans le cadavre d'un animal, dans les poils d'une chenille, dans la graine d'une plante ; et la petite larve, enfant posthume, trouvera autour d'elle tout ce qui est nécessaire à ses développements : ses sommeils limbiques seront protégés jusqu'au jour où, ses métamorphoses accomplies, elle s'élancera dans la vie définitive et complète. L'éternel mouvement circulaire des générations ne s'arrêtera pas. De l'hécatombe sans fin des individus, l'espèce renaît toujours vivace ; la mort n'est que le fumier fécond de la vie.

Les corbeaux, les corneilles, les pies criaillent aigrement entre les branches des vieux arbres dégarnis, dont la robuste armature, masquée naguère par le feuillage, se laisse voir à nu comme l'indication anatomique d'un dessin de maître. L'œuvre de l'année est finie, en apparence du moins ; car déjà sous le sol tout travaille et fermente sourdement. Les germes des choses sentent l'inquiétude de la vie prochaine.

C'est l'époque où la Nature peut se retirer chez elle, et, comme une paysanne à la veillée, écouter en filant les légendes d'autrefois, à moins qu'elle ne raconte elle-même une de ces merveilleuses histoires qu'elle sait si bien. Mais la Nature est peu parleuse. Elle se fait plutôt comprendre par des images que par des phrases, et le livre auquel depuis si longtemps elle travaille est comme un journal d'illustrations sans texte. Pendant ces longues soirées, les pieds allongés vers les braises du foyer, la tête appuyée sur la vieille tapisserie de son fauteuil, elle médite silencieusement, et bientôt le sommeil ferme ses paupières attendries; mais en regardant son visage, dont la beauté transparaît sous les rides, on devine au sourire qui voltige sur ses lèvres qu'elle rêve de printemps et d'amour.

TABLES

TABLE

DES CHAPITRES

TABLE

DES GRAVURES

CHAPITRE IV

CHAPITRE V

CHAPITRE VI

CHAPITRE VII

CHAPITRE VIII

CHAPITRE IX

CHAPITRE X

CHAPITRE XI

CHAPITRE XII

PARIS. — IMPRIMERIE DE L'ILLUSTRATION
AUG. MARC
22, — Rue de Verneuil, — 22

9 782329 789903